劉必榮的國際關係課

一本掌握看世界的方法，看懂全球大局

International Relations

劉必榮——著

明白

目錄

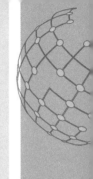

PART 2

中東地緣

PART 3

歐非競合 157

第七章——歐非來到新時代

PART 4

美亞對弈

世界走到新格局

從二〇一六年開始，這個世界就變得我們不太認識了。

二〇一六年美國大選，當初有多少人算到川普會當選，結果他當選了。

二〇一六年英國脫歐公投，連英國首相卡麥隆都不相信公投會過，結果英國人一覺醒來，發現公投居然通過了。

二〇一八年美中貿易戰開打，當時連中國都不認為貿易戰會打那麼久，結果不但打到現在，美國加在中國商品上的關稅都還沒取消，以WTO為主軸的貿易秩序幾乎整個被顛覆。

二〇二〇年，誰會想到一個新冠疫情居然把世界封了三年，徹底打碎了全球的供應鏈。

二〇二二年，誰又想到俄國真的會發動俄烏戰爭，不僅沒有速戰速決，反而讓自己陷在泥淖之中。

太多想不到，顛覆了我們熟悉的世界，也讓我們發現過去許多對國際政治的假設居然是錯的。

美中貿易戰演變至結構性衝突

過去美國以為引領中國進入世貿組織，可以讓中國開放市場；而外資進入中國之後，也會帶進新的想法，讓中國走向民主。後來發現這個假設是錯的，中國市場並沒有開放，也沒走上民主。經濟發展帶來的是民族主義，不是民主。

中國改革開放以後，年輕人從「為人民服務」變成「為人民幣服務」，意識型態一下出現空洞化，共產黨乃趕緊用民族主義填補這個真空，高舉民族偉大復興的大旗，讓「中共」和「中國」畫上了等號。強大的民族主義，以及經濟發展帶來的底氣，讓習近平充滿自信，揚棄了鄧小平時代的韜光養晦，轉而在外交上積極進取。這讓美國充分感受到來自中國的威脅。

中國傳統上是「陸權」國家，現在這個陸權國家要出海了，而且要跟美國這個「海權」國家平起平坐。

美國顯然沒做好接納中國共同制訂國際秩序的準備，她視中國的崛起是在挑戰西方所建立的秩序。美中之間的衝突，不再是僅僅貿易的衝突，更是新興強權與現有強權的結構性衝突。

美中貿易戰開打之初，貿易逆差似乎是雙方爭執的焦點。華爾街的企業家也認為，中國的國營企業與美國的民營企業相爭，美國在搶單方面完全搶不過中國的國營企業，因此要求公平競爭。

這時要中國放棄國家資本主義的經濟體制根本不可能，因為那是中國政治制度的基礎。美國只好把貿易協定分成兩階段：第一階段要中國多買美國貨，第二階段才放在改革不公平競爭的部分。

後來貿易戰的焦點又轉到科技。中國提出「中國製造二〇二五」的願景，列出好幾個項目要迎頭趕上西方。如果要迎頭趕上，就能在科技發展上繞道超車，或自主研發，或強迫外資轉移，或購併外國大廠，或竊取國外智慧財產。美國對智慧財產權的保護，以及限制中國取得某些關鍵技術，也因此成為貿易戰的重點。這在中國看來，美國此舉實在阻擋了中國的進一步發展，雙方信任差距乃愈拉愈大。

多邊貿易瓦解，個別協定取代

WTO在美中貿易戰中沒有發揮解決爭端的作用，因為川普根本不信任多邊組織，認為美國在多邊組織中處處受制。於是貿易代表萊特海澤幫著川普，一鐽子一鐽子撬開了戰後美國自己打造的多邊貿易體制，改由個別的自由貿易協定取代。貿易建制開始瓦解。

川普高唱「美國製造」，提出各種誘因要企業回國生產，並對來自中國的貨物增加關稅。為了避免被貿易戰流彈波及，許多企業紛紛把供應鏈南移，搶進東南亞、南亞；供應鏈由長鏈變成了多個生產中心的短鏈，有人稱這種多中心的結構為「全球化二·〇」。東南亞國家也因為各國搶進而變得炙手可熱。

拜登上台後，美中關係並未改善，美中貿易戰的重點完全轉移到科技戰。

5G、半導體、人工智能、量子運算，變成美中較勁的場域。

過去人們擔心，美國對中國的圍堵會讓5G世界變成「華為」和「非華為」兩塊。到了拜登政府，則有過之而無不及。新冠疫情和俄烏戰爭，讓西方更加警覺到關鍵產品的供應鏈一定要分散，不然一個戰火或一個封城，供應鏈就斷了。

為了確保供應鏈的韌性，美國把台積電拉到美國設廠，並推出晶片法案，拿出五百二十億美元補貼國內晶片生產。原本在貿易上主張自由放任的美國，一下子也快變成國家資本主義了。

接著，拜登政府又在削減通膨法案下，以補助電動車為手段，限制中國投資的再生能源電池進入美國，更就美國企業對中國的投資加強審核，對科技的出口加強管制。

這幾個政策一出，全球化就真的死了。很多人也擔心，美國是不是真的就這樣跟中國脫鉤了？

美國的「去全球化」遇上中國的「再全球化」

面對美國的「去全球化」，中國喊出「再全球化」，並以內外循環的「雙循環」

經濟政策，因應來自外部的壓力。內循環是增加內需，並希望為關鍵供應鏈準備第二來源；外循環是敞開大門，讓外國企業進入中國，使之更依賴中國的市場以避免脫鉤。

地緣經濟是這樣分成兩塊，地緣政治上更是如此。俄烏戰爭後，中俄兩國愈走愈近，美國也擔心中國趁機在台海製造緊張。

這不只是海權與陸權的結構性對抗，對亞太國家更是近在咫尺的安全威脅。於是美國聯合日本、澳洲、印度建立印太四國安全對話；聯合英國和澳洲建立AUKUS；推動日韓和解，加強美日韓三邊同盟；並帶上紐澳日韓亞太四國參加北約峰會；加強跟台灣的軍事關係，並在菲律賓增加四個基地。就這樣，從黃海到東海到台海到南海，對中國形成一道圍堵的海上弧線。

中國怎麼突圍？你從東邊海上圍我，我就從西邊陸上突破。於是中國西進，借力一帶一路，從中亞出去。所以二〇二三年五月G7在廣島開峰會，中國就聯合中亞國家開峰會。中亞本是俄國的勢力範圍，俄國對中國勢力進入也是有顧慮的。但俄烏戰爭一打，俄國需要中國的支持，對中國勢力進入也就不說什麼了。

歧異世界觀，中等強權崛起

如果細細比較，可以看出美中兩國的世界觀有很大不同。

美國的世界觀是「兩個陣營」：比如要在晶片上對付中國，就拉著日本、荷蘭、韓國、台灣組成晶片同盟對付中國；要在俄烏戰爭爆發後制裁俄國，就把世界分成民主與極權兩個陣營，力圖說服尚未制裁俄國國家加入己方陣營。

至於中國則是一手要打造多極的世界。雖然歐洲還不足以單獨成為一極，但中國老是想說服歐洲要成為一極。這有點像當年諸葛亮的「隆中對」，孔明向劉備提出三分天下的時候，劉備根本還沒有屬於自己的地盤。三分天下只是一個願景，就像北京現在提出的多極秩序。

或許應該說今天的國際社會是多元的。因為供應鏈斷裂之後，國際政治經濟的結構破碎化，中等強權興起。

這些中等強權因美中對抗而有了左右逢源的機會。雖然他們的力量還不足以與美中分庭抗禮，但他們對外政策的搖擺，卻可能改變國際權力的天秤，影響區域情勢。這些國家包括土耳其、印度、印尼、沙烏地、南非、巴西，學者通稱為「搖擺六國」。

「南方國家」對比「北方國家」

印度尤其是典型。美國盡全力拉攏印度，可是印度雖為印太四國之一，卻也是上海合作組織與金磚國家的成員。而後面兩個組織中國也是成員，所以中國和印度既有競爭也有合作。印度稱這種關係為多重結盟，沒有什麼矛盾。

印度對世界應該是什麼樣子，也有她的看法。她既不從美中兩個陣營，也不從多極的角度看世界，而是以「貧富階級」的角度提出她的主張。新德里強調的是貧窮國家（即南方國家）與富有國家（即北方國家）的對話，和美國「東西」對抗的世界觀相比，印度強調的則是「南北」的對話。

印度認為，西方不能以俄烏戰爭綁架每一個國際會議，南方國家關心的是氣候正義，是債務問題，是疫苗，這些議題也應該獲得北方國家關注。值得注意的是，美中兩國也覺得氣候問題是可以合作的領域。所以美國、中國、印度三個世界觀的交集，很可能就是氣候問題的合作，而這正是現階段我們需要的。

可以這麼說，今天的世界，是舊的秩序崩解，新的秩序還沒有建立的過渡時刻：全球化停滯了，世界又分成兩塊，可是兩塊之下還有新興中等強權的搖擺。各國間都在拉幫結派，也都在找尋機會，權力板塊可說還在滑動。

這就是當前國際政治的大格局。大格局就像國畫的潑墨；大格局之下每一個區域的每一個事件，就像工筆。了解宏觀的格局之後，再去對應以下各章每一個地區的人物與事件，也更能抓到中間的脈絡。

Part 1

印太大局

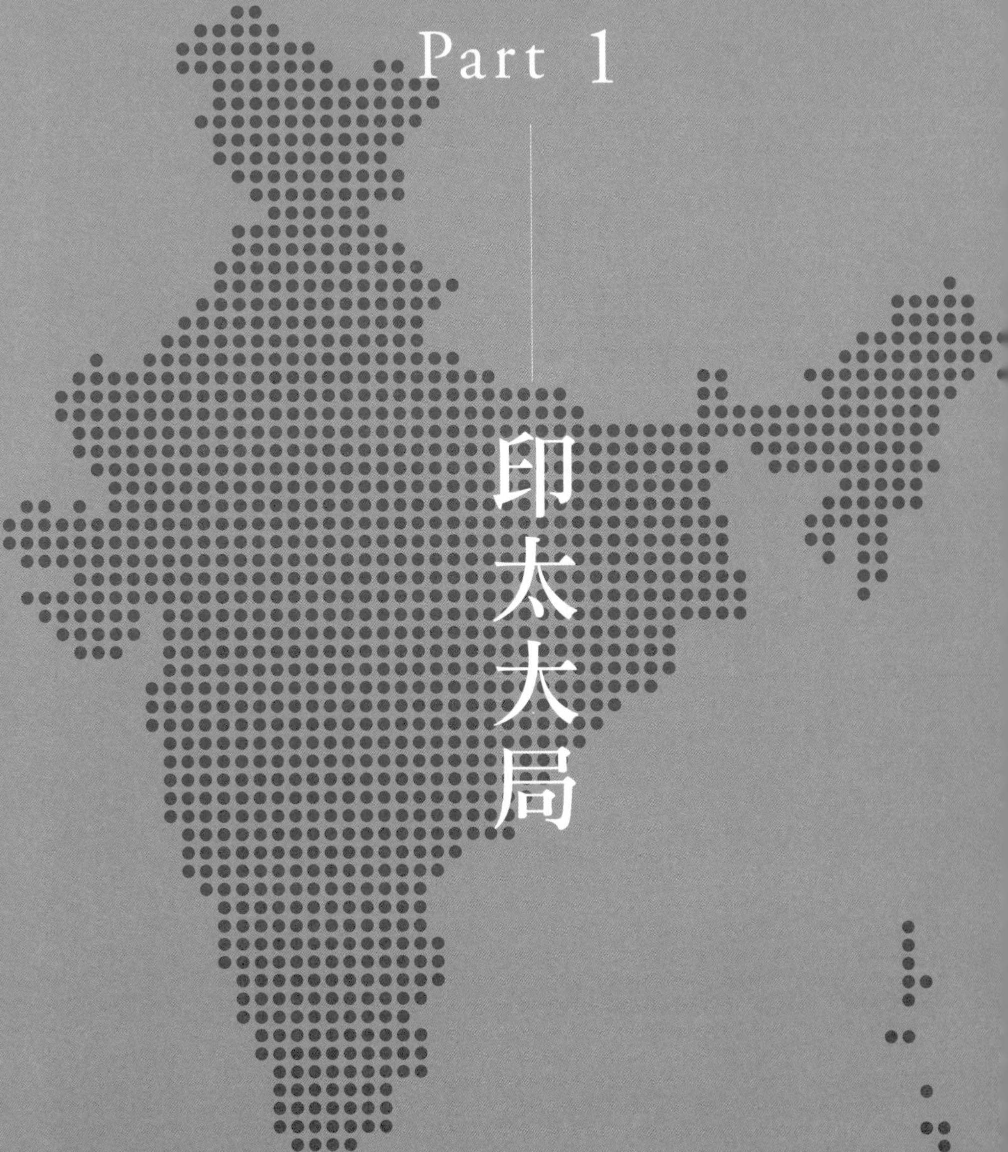

第一章

印度全新布局

印度在地緣政治上的重要性近年不斷升高。美國的印太戰略，把太平洋和印度洋連成一個弧形圍堵中國，印度也成為美國極力拉攏的對象。

印度幅員遼闊，有高山、冰河，也有海洋、沙漠。二〇二三年更取代中國，成為世界人口最多的國家。二〇一八年美中貿易戰開打，許多西方供應鏈紛紛移出中國，最後的終點站都是印度。

印度的經濟爆發力與市場的潛力，給人多少期待；印度裔的菁英在世界各地崛起，從英國首相蘇納克，美國總統拜登的副總統賀錦麗，到包括谷歌在內的很多矽谷CEO都是，亮麗的表現也讓印度贏得不少驚嘆。

印度也不甘心就守個印度洋。所以往西，她的外交觸角順著歷史脈絡，進入中亞、中東；往東，也順著歷史與宗教的腳步進入東南亞。

印度是佛教的發源地，緬甸、泰國、越南都有龐大的佛教人口，四國之間有著宗教的脈絡。印度和越南過去都是前蘇聯的盟國，所以兩國又有著軍事關係的傳統。印度和日本都是跟中國打過仗的國家，所以印日兩國密切關係的後面，又似乎有著特別的底蘊。

印度和中國的關係更是千絲萬縷。尤其兩國地緣政治的衝突，可以從喜馬拉雅山的中印邊界，一路打到印度洋中國海上絲路與印度傳統利益的碰撞。

此外印度和中國都是金磚國家，也都是上海合作組織的成員，這樣的競合關係，印度外交部長蘇杰生稱之為多層次的結盟關係，也讓中印間的「龍象之爭」充滿張力。

印度發展核武，也大量進口武器，這增加了她在國際政治上的籌碼。有意思的是，她一方面向俄國買防空飛彈，一方面又跟美國共同製造先進飛機引擎。世界上只有兩個國家有這種本事，同時跟美國與俄國買武器，而美國只能容忍：一個是土耳其，另一個就是印度。

這樣的印度，毋寧是令人著迷的。

可是印度跟美國的世界觀一樣嗎？印度是一個比美國古老的國家，她所處的地域，也有著古老的秩序。古老的智慧加上古老的秩序，碰撞著當前的國際政治，會迸出什麼樣的火花，這是我們要繼續觀察的脈絡。

01 印度的外交新人設 搭起富國與窮國溝通橋梁

藉著G20外長會議的機會，印度將自我定位成是「為窮國發聲，與富國對話」的角色，冀望憑藉著戰略地位與經濟實力，在美中俄較勁的格局下，走出自己的第三條路。

為期兩天的G20外長會議二〇二三年三月二日在印度新德里閉幕。由於各國對俄烏戰爭的態度分歧，以致會議最後未能產出聯合聲明。俄國與西方針鋒相對，成為大家關注的焦點。緊接外長會議舉行的印太四國安全對話，也吸引了大家的目光。但很多人都忘了，這個會議是印度的場子，身為G20的輪值主席，搭了G20外長會議的台，印度想唱什麼戲？又想得到什麼？

為南方國家發聲，多重結盟

印度是二〇二三年G20輪值主席，也是上海合作組織（簡稱上合組織）峰會的主席。站在主席的位置，印度當然希望國際會議都能按照她的議程展開，最不願見到多邊會議被少數議題綁架，而那些議題又不是她所關切的議題，所以對外長會議未能產出聯合聲明一事，相信印度是充滿挫折的。

印度為自己設定的角色，是窮國（南方國家）與富國（北方國家）的溝通橋梁。二〇二三年一月，印度邀請了一百二十五個國家開了一場線上「全球南方之聲」會議。印度總理莫迪在開幕時說：「你的意見就是印度的意見，你的優先事項就是印度的優先事項。印度的目標，是放大全球南方的聲音。」

莫迪也設定了南方國家關心的議題，如經濟復甦、新冠疫苗的取得、氣候正義、恐怖主義等，當作G20的主題。但要解決這些問題，須G7國家的配合。而這一年G7主席國剛好是印度的朋友——日本，所以印度認為，自己可以擔任起橋梁的角色。

印度是以不結盟運動領袖起家，現在則又是印太聯盟，又是金磚五國，又是上合組織，按照印度外交部長蘇杰生的講法，已變成「多重結盟」。在美中俄較勁的格局下，印度走的是第三條路：保持傳統與莫斯科的關係；尋求改善與北京關係；強化與華府和東京的關係。

以戰略地位、經濟優勢拉高身段

為了凸顯外交獨立，印度沒有譴責俄國侵略烏克蘭。為了替南方國家代言，印度對歐洲喊話，要求歐洲改變心態，不要老以為歐洲的問題就是全世界的問題，而全世界的問題卻不是歐洲的問題。

在二〇二三年的慕尼黑安全會議上，德國總理蕭茲表示印度有道理，所以接下來德國也多和亞洲、非洲、拉丁美洲國家互動，關注貧窮、饑餓、氣候與疫情等問題。然有論者指出，印度一方面要成為一方領袖，為窮國發聲，一方面在面對俄國侵略等大是大非的問題時，又吝於對俄譴責，這兩個是相互矛盾的。

最終印度憑藉其戰略地位與經濟實力，還就是有辦法讓西方對她包容。

印度在美俄之間兩邊牟利，美日等國怕逼得太急，反把印度逼到俄國陣營，而對印度多所容忍；印度的民主現在其實是倒退的，莫迪對媒體與異議分子的打壓，早就為民權人士所抨擊，但是在國際場合，卻沒聽到西方對她有任何譴責。

經濟實力似乎是印度笑傲江湖的本錢。可是在聯合國安理會，在國際貨幣基金組織，在世界銀行，印度卻又沒能參與國際上的重要決策。這大概是印度最鬱悶的地方，也是印度最想藉G20平台拉高自己國際地位的原因。

#窮國與富國的溝通橋梁　#多重結盟

#第三條路　#印度的鬱悶

02 印度補位打進中東
美國引路，靠科技、經濟實力交朋友

四國經濟對話不再是「印太專屬」，美國總統拜登帶著印度加入中東版Quad，這也讓印度繼以英國殖民帝國的軍事力量打進中東後，在新世紀重新進入中東。只是這次不再靠英國老大哥，而是憑藉科技、經濟實力結交新朋友，為自己掙得一席之地。

當外界都把注意力放在印太地區美國、日本、印度、澳洲四方安全對話的時候，另一個由美國、以色列、阿拉伯聯合大公國（簡稱「阿聯」），加上印度的經濟四方對話，也就是另一個Quad，已悄然成形。

二〇二一年十月十八日，印度外交部長蘇杰生訪問以色列，在耶路撒冷和阿聯外交部長與美國國務卿舉行視訊會議，正式宣告四國經濟對話成立。在這的前一年，美國總統川普推動以色列與阿聯簽署「亞伯拉罕協議」，讓兩國順利建交，重建了中東秩序。

隨後拜登上台，不但延續川普的政策，更進一步在亞伯拉罕協議中加上「印度」二字，引印度到中東，建成一個「印度—亞伯拉罕協議跨區域秩序」。這個經濟四方對話，討論了貿易、氣候變化、能源合作、新冠肺炎、海上安全等議題。

美國引路，四邊經濟產值千億美元

四邊經濟對話之下，還有兩個三邊對話：

第一個是美國、以色列、阿聯，其下有宗教共存、水資源與能源兩個工作小組。

第二個是印度、阿聯、以色列。以色列的創新，阿聯的資金，印度的製造，讓三國合作，估計到二〇三〇年可創造一千億美元的產值。

兩個對話都沒有提到巴勒斯坦建國，也沒提到中國威脅。但是印度幫助美國填補撤離中東所留下來的權力空缺，卻是非常明顯，印度自己應是非常得意的。

過去大英帝國有兩百五十萬龐大的印度部隊，幫助英國從東邊參加八國聯軍打北京，到西邊以印度駱駝軍團打奧圖曼土耳其；今天印度一樣幫助另一個西方強權美國，參與了從東邊印太的Quad到西邊中東的Quad。所不同的是，以前在大英帝國殖民之下，印度的角色是被指派的，如今在Quad裡面，印度的角色是自己平等談出來的。

印度與中東國家的關係也幾經變化。印度、巴基斯坦分立之初，印度為緩和穆斯林世界的猜忌，在外交上支持巴勒斯坦建國，並且與埃及結交。印度總理尼赫魯當年更與埃及總統納瑟共倡不結盟運動。

後來沙烏地崛起，聯合海灣國家與埃及爭奪穆斯林世界的領導權。巴基斯坦遂與沙烏地結交，並與阿聯建立密切關係。許多巴基斯坦移工在阿聯工作，每年匯回龐大外匯；阿聯則從巴基斯坦這個回教世界唯一的核武國家獲得軍事援助。

印度見縫插針，強化以色列、阿聯關係

冷戰之後局勢改變。以色列靠經濟與科技實力逐漸打開外交僵局，以色列更成為印度第二大武器來源國，並且提供網路安全解決方案，幫助印度保護脆弱的基礎建設，以色列的農業科技還可以幫印度解決水資源不足的問題。更重要的是，以

色列的反恐模式與監聽技術，可以整個引進到喀什米爾。所以兩國一九九二年建交後，關係愈走愈近。

這時，又冒出土耳其想搶奪穆斯林世界主導權。土耳其總統艾爾多安提出的全球「政治伊斯蘭」，讓海灣國家在伊朗的威脅之外，又受到來自土耳其的威脅。而巴基斯坦偏偏又與土耳其相善，致使巴國與海灣國家漸行漸遠。

印度當然不會錯過這個機會，何況土耳其掀起的伊斯蘭運動，也衝撞到印度總理莫迪的印度民族主義，所以順勢與阿聯加強了關係。正好以色列在亞伯拉罕協議之後，又與阿聯的關係快速增進，於是加上美國的新四邊會談應運而生。

倒是沙烏地目前對這個發展只是沉默支持。沙國的態度會怎麼變化？中東的Quad和印太的Quad，哪一個會發展得更好？印度搶進中東又會碰到什麼障礙？都成為中東地緣政治必須持續觀察的重點。

#中東、印太四邊經濟爭鋒　#美國中東空缺印度補位
#印度見縫插針　#政治伊斯蘭

03 印度涉入「帝國墳場」阿富汗
中印俄變積極，等著看塔利班要怎樣

從美軍準備自阿富汗撤軍後，塔利班重新掌權。原本興趣缺缺的印度，態度轉為積極，中國的態度也開始轉變。這背後重點可不是在乎阿富汗人，而是塔利班回歸後的新秩序。

從美國跟塔利班達成協議，準備自阿富汗撤軍之後，阿富汗各派勢力集結，希望能打造一個美軍撤出後的阿富汗新秩序。

二〇二〇年九月十二日，全阿富汗的政治和談於卡達首都多哈舉行。印度外交部長蘇杰生親自與會，發表演講表示支持一個由「阿人領導，阿人擁有，阿人控制」的和平進程。很明顯的，印度對阿富汗的態度開始轉趨積極，媒體也以印度「重開大使館」或「恢復外交存在」為標題進行報導。

印度轉為積極援助，重建阿富汗秩序

這個事件背後的意義在哪裡？在兩個地方：第一，美國當初推動印太戰略時，原就是希望印度幫美國看好南亞這一塊，希望美軍撤走後印度能幫助重建阿富汗秩序。但是印度意興闌珊，因為阿富汗素被稱為「帝國墳場」，凡涉入阿富汗的大國幾乎都鎩羽而歸。

所以儘管印度在二〇一一年就與喀布爾政府簽了戰略夥伴協議，但對阿富汗事務的介入卻仍小心翼翼。新德里可以提供經濟援助幫阿富汗重建，可以提供軍備與有限的軍事訓練，但印度軍隊是絕不會踏上阿富汗領土一步。所以此時的態度轉趨積極，顯然是比以前有更深的戰略考量。

第二，印度過去是對抗塔利班的。早在塔利班推翻北方聯盟的時候，印度就與俄國和伊朗一起，支持北方聯盟對抗塔利班。美國扶植的喀布爾政府建立之後，印度也支持喀布爾。但是此時看到塔利班可能重新取得政治權力，而塔利班又與巴基斯坦關係密切，為確保美軍撤出後，印度在阿富汗的政經利益不受新政府影響，所以不得不改變對塔利班的態度。

而塔利班也不排斥與印度接觸。雖然不可能和印度成為親密盟友，但塔利班否認與喀什米爾的激進組織結盟，表示不干預內政，也向印度傳達了善意，這才有了前面所提，印度外交部長蘇杰生的出席多哈全阿富汗談判。

印度轉向關鍵不是阿富汗，而是塔利班

然而，並非塔利班裡面的每一派都支持與印度交往。塔利班的軍事組織哈卡尼網絡，與巴基斯坦情報單位關係密切，就是堅定反印度的。伊斯蘭國（ＩＳ）的南亞分支，也是反印度的。所以印度如果真在阿富汗的事務上轉趨積極，將介入多深，準備承受多少抵抗，也需要細緻的估算。

何況還有中國的勢力也在阿富汗。北京向與巴基斯坦相善，此刻也積極建立跟塔利班的關係，以確保在阿經濟利益。無論從傳統中印地緣政治的衝突來看，或從大格局印太戰略中美印聯手對中國的圍堵來看，阿富汗都可能成為另一個中印較勁

的場域。

就改變對塔利班的態度一事來看，不難發現做類似改變的不只一國。俄國支持的北方聯盟被塔利班推翻，按理俄國與塔利班是宿敵，但從雙方多年前就開始祕密接觸，也才有後來俄國祭出賞金讓塔利班攻擊美軍的情報傳出。

伊朗和塔利班也是死對頭，遜尼派的塔利班殺害過不少什葉派的伊朗人，但伊朗也開始與塔利班接觸，目的都在讓美國不再涉入阿富汗，並且各自部署各自的勢力範圍。

我們發現，如何與塔利班交往，是各國調整對阿政策的主要思考方向。搶占勢力範圍，或抵銷敵對勢力的影響力，是主要的目的，至於阿富汗人想要什麼，可能沒有太多人關心。雖然各國都在喊，但阿富汗的和平進程要真作到「阿人領導，阿人擁有，阿人控制」，只怕還只是一個遙遠的夢。

#中印較勁新場域　#塔利班新秩序
#阿富汗遙遠的和平夢　#帝國墳場

04 喜馬拉雅山上的權力遊戲

從中印邊境打到印度洋，澳洲也來參一咖

中國與印度的關係有多緊張？小到在喜馬拉雅山上兩軍的打群架可見端倪。但這場權力遊戲背後，是中國一帶一路從地面到海上的包夾，使得印度不得不採取行動突圍，甚至跨海找澳洲當盟友。

位於中印邊界的喜瑪拉雅山，邊境衝突的緊張情勢時有所聞，不平靜的山間歲月，卻也隱藏著中印之間的權力遊戲。

二〇二〇年六月六日，中國和印度的高階將領，就該年五月以來雙方在喜馬拉

雅山上的對峙，進行第一回合四小時的對話。在對話的前一天，兩國外交部也發表聲明，願意透過現有的外交管道和平解決邊界衝突，恢復中印邊界的平靜與秩序。在中印雙方都願降低緊張的情況下，儘管對話只是第一回合，還未見立即結果，但至少喜馬拉雅山上劍拔弩張的情勢得以暫時緩和。

山上打群架，中印兩軍鬥毆，拳棒亂飛

根據印度方面的說法，事發於二〇二〇五月五日，數千名中國士兵強行進入有爭議的喀什米爾地區，與印度發生衝突。按照邊境地區不成文的規定，沒有人開槍，但在幾次衝突中，士兵們用石頭、木棍和拳腳激烈搏鬥。至少有三個地點發生對峙：加勒萬河谷、基阿姆溫泉和南面的班公錯。鬥毆之下，雙方都有人受傷，必須用直升機撤離。

到了五月九日，兩軍在錫金邦北部的納庫拉又發生肢體衝突。雙方共約一百五十名軍人捲入，至少有四名印度士兵及七名中國士兵受傷。

至於造成衝突的導火線，是印度這兩年正在加緊邊界的公路修建。其中一條數百公里長的公路，用於連接一個二〇〇八年重新啟用的高海拔空軍

基地，這樣印度往邊界運送兵將更為快速。但這在中國眼裡，是企圖改變權力均勢的現狀，所以必須加以制止。印度則認為，在自己國家境內修公路，就是想維持現狀，避免中國入侵，有何不妥？

就更深層的背景來看，中方認為印度人民黨上台以來，無論對中國、對巴基斯坦、對緬甸都比較強勢，加上最近國際上圍堵中國的勢頭正強，印度才會在邊界問題上更肆無忌憚，因此中國自然不能顯現軟弱。

印度這邊則是感受到中國經由一帶一路，從巴基斯坦、尼泊爾、馬爾地夫對印度構成從地面到海面的包抄，讓她覺得必須要採取行動突圍。可是戰爭的威脅並非迫在眉睫，加上新冠肺炎肆虐，抗疫與經濟振興才是優先，在不願真打仗的情況下，只有以《孫子兵法》的「伐交」切入，從外交上發動攻勢。

跨海找朋友，與澳洲簽訂海上軍事合作

五月二十九日，印度國防部長辛格與美國國防部長艾斯柏舉行視訊會議，雙方強調致力加強兩國軍事合作，建立「堅強而持久的美印防衛夥伴關係」。

到了六月二日，印度總理莫迪也和美國總統川普舉行視訊高峰會議，雙方談了

中印邊界的衝突，談了ＷＨＯ的改革，以及川普想邀印度、澳洲、韓國，甚至俄國加入Ｇ７的構想。莫迪當然表示同意，而一向以談判高手自居的川普也表示，他可以幫忙調停中印衝突。

消息一出，中國立馬拒絕，表示兩國可以自己解決，無須外人插手。川普當然知道中國不會同意他來調停，所以也只是作態，而印度與美國提到邊界衝突，多少也有外交表態，藉此跟美國要求更多資源的目的。

美印的視訊峰會才過了兩天，六月四日，莫迪又和澳洲總理莫里森開了視訊峰會。兩國一致同意，把戰略夥伴關係升級為全面戰略夥伴關係，簽了九項協定，並將加強雙方尤其是在海上的安全與防衛合作。然後才在六月六日和中國舉行前述的軍事對話，此時距中印士兵在喜馬拉雅山打群架剛好一個月。

印度這樣上山下海的布局，也讓原本發生在喜馬拉雅山的中印衝突，推展到印澳在印度洋的軍事合作。

#修建邊境公路礙到誰　#中印邊界衝突再起

#美澳加入布局　#「全面」戰略夥伴關係

05 印度外交吹西風
抗中親美找盟友，牽動南亞權力板塊

權力與利益的結合，會因利益的改變而改變。印度是南亞大國，因感受到來自中國的邊界威脅日增，決定加入西方國家行列，組團打團體仗。

印度的外交過去標榜的是不結盟，強調的是戰略自主。她要成為強國，但不願做任何國家的扈從。可是印度現在完全倒向了西方，尤其加入印太聯盟是外交政策的一大轉折，或者說是她國際觀的一大改變。

二〇二一年三月十九日，美國國防部長奧斯汀結束與國務卿布林肯在日韓的兩場二加二會談後，飛抵印度訪問兩天，雙方同意強化防衛合作。這是美國印太外交總體布局的一部分，也更確定了南亞權力板塊的移動。

印度也不只加入印太聯盟，更加入西方更大的外交框架，包括應英國之邀加入G7（英國首相強生首相想擴大G7，納入印度、澳洲、南韓，成為民主十國D-10），甚至加入五眼聯盟，進行某種程度的情報分享。

昔日同為俄中印三角，今以敵人相視

回想一九九〇年代，印度呼應俄國的倡議，加入「俄國—中國—印度」的戰略三角，結合三個陸權國家與美日等海權國家對抗，或後來中俄印加上巴西與南非，成為「金磚五國」。

再看今日的美國、日本、印度和澳洲印太四國圍堵中國，兩相比較，不禁令人感慨國際情勢變化之大，與其所帶來的權力板塊移動。

是什麼原因造成這樣的變化？印度學者表示，是中國的威脅升高。無論是中印邊界的衝突、中國用5G網絡與電纜所建構的「數位絲路」，以及隨著一帶一路帶來的債務陷阱，讓中國在印度洋取得的港口，構成所謂的珍珠鍊，都使得印度對中國提高警覺，也推動了外交的逐漸轉向。

根據美國國務院的資料，二〇〇八年印度與美國的軍售數字幾乎是零，到了二〇二〇年就已經增加到兩百億美元。同年中印發生邊界衝突時，美國租借了兩架無人偵察機給印度，莫迪又積極跟美國購買價值三十億美元的三十架無人偵察機。無人偵察機後面所代表的，自然就是進一步的情報分享。

一九六二年印度和中國打了一場邊界戰爭後，當時的印度總理尼赫魯就想向美國靠攏，但後來因為尼赫魯與美國總統甘迺迪的雙雙去世而作罷。一九七〇年代，印度的內政與外交跟美國南轅北轍，內政左傾，外交高倡不結盟，自然與蘇聯愈走愈近。

一九九〇年代蘇聯瓦解，印度要發展經濟，在對外關係上也想調整。但因美國介入調停喀什米爾問題，以及因印度發展核武而對印度制裁，最後印度還是沒倒向西方。

從友中到抗中，曾與俄友好談軍購

直到莫迪二〇一四年上台後，印美關係才有了改變。莫迪剛上台時，和中國的關係還是不錯的，習近平和莫迪還互訪過對方的家鄉，讓人對中印關係有過期待。爾後莫迪認為自己的努力沒有獲得善意回報，於是死了心倒向西方。

然而印度和西方就完全沒問題嗎？也不盡然。過去印度和俄國的關係千絲萬縷，包括俄國於二〇二一年底交付的S-400防空飛彈系統，美印的軍事合作難免會受到影響。

此外，印度的民主愈來愈倒退，也讓人憂心。西方學者指出，莫迪雖然抗中，但想效法的卻是中國式的國家資本主義與強人政治，而印度老百姓似乎對強人政治也還滿買單的。所以印太聯盟也不是什麼高尚的民主價值聯盟，它就是赤裸裸的地緣政治、權力政治。

#印度加入印太聯盟、G7 #親美#反俄抗中
#印度心累心死 #印度民主倒退

06 印度收編喀什米爾

莫迪又一次奇襲，爭議領土納入囊中

印度獨立七十多年，素與喀什米爾相安無事。喀什米爾是有名的主權爭議地區，多國競逐這塊土地，一直到二〇一九年傳出恐怖攻擊事件，印度總理莫迪順勢取消喀什米爾自治，增兵接管。

印度總理莫迪在二〇一九年八月五日正式廢除《憲法》第三百七十條，取消印控喀什米爾的自治地位，並將其分割成「查摩喀什米爾」與「拉達克」兩塊，直屬中央。這個震撼南亞的政策轉彎，打破了七十年的喀什米爾現狀，升高了印度與巴基斯坦緊張的關係，挑起了和中國的邊界糾紛，更打亂了美國、中國各自在南亞的戰略布局。

莫迪為什麼要這樣做？導火線是二〇一九年二月以來，喀什米爾地區的恐怖攻擊增加：巴控喀什米爾的恐怖分子襲擊了印度警察的車輛，造成四十多名警察罹難，印度戰機於是飛越巴基斯坦領空進行空襲報復，印巴緊張關係像螺旋般升高，激起了印度的民族主義，也推高了莫迪的支持度，讓他順利當選連任。

莫迪抓緊民氣，取消喀什米爾自治

莫迪抓住這股民氣，做了許多印度教徒多年來都想做而不敢做的事：索性將以穆斯林占大多數的喀什米爾收歸中央，取消自治。莫迪宣布這樣的新政策後，連一些反對黨議員都表示支持，由此可見印度國內的氣氛。

莫迪的官方說詞，絕口不提宗教與領土，只把焦點擺在經濟與良治。他表示，過去喀什米爾的發展落後，年輕人毫無機會，全因政經大權都由幾個封建家族壟斷。所以他要改變現狀，給喀什米爾更好的政策，也準備拔擢年輕人讓他們有更好的機會。當然喀什米爾問題不只是經濟問題。

東臨中國，西接巴基斯坦，南邊是印度，北邊則與阿富汗接壤，喀什米爾在國際上一直被認為是有領土爭議的地區，巴基斯坦、印度、中國各自控制了一部分。過去印度根據《憲法》第三百七十條給予印控喀什米爾高度自治，除國防、外交、通訊之外，其餘皆可自主，包括誰具有在喀什米爾買地的身分，都由喀什米爾自治政府所決定。

取消喀什米爾自治，甚至將之變成印度的一個省之後，喀什米爾將不再是「領土爭議地區」，宣稱也擁有喀什米爾主權的巴基斯坦當然跳了起來。將印控喀什米爾分成查摩喀什米爾與拉達克兩塊直屬中央之後，中印之間在拉達克的領土爭議將直接浮上檯面，中國當然也對印度的政策表示反對。

取消自治，波及印中巴美外交關係

當喀什米爾自治政府不再能決定誰可在喀什米爾買地之後，穆斯林擔心大批印度教徒會湧入喀什米爾定居，最終改變喀什米爾人口結構，讓穆斯林在當地反而變成少數，對此更是激烈抗議。

印巴交惡，直接影響的是美國的阿富汗政策。

當時，美國正與塔利班談判，準備撤出阿富汗。可是塔利班內部並非每一派都願意和談，和談後的權力分配也不可能讓每一派都滿意；而美國先跟塔利班談，談完之後再引進阿富汗政府的做法，也讓喀布爾當局不滿。

而且，塔利班和議達成後，需要塔利班的後台巴基斯坦，與喀布爾當局的後台印度支持，才可能長久。印巴若交惡，美國原本的阿富汗一盤棋就會被打亂。

中國也是一樣。被中國視為一帶一路旗艦工程的中巴經濟走廊就從喀什米爾經過。這條經濟走廊本已在終點瓜達爾港遭到俾路支恐怖分子攻擊，若北方的喀什米爾也出現不安，中巴經濟走廊將充滿坎坷，連帶影響一帶一路的推動。

印巴的緊張關係長期就像在燜鍋裡面一樣，零星交火出現後，終會在某一個時間點引爆。

#莫迪奇襲 #南亞震撼彈 #關鍵爭議領土納囊中 #印度教徒與穆斯林之爭 #到底是哪國領土 #槓上巴基斯坦和中國

07 莫迪和美國達到「史上未有的信任」搖擺印度，不結盟時代結束了？

獨立以來標榜「不結盟」政策的印度，在莫迪手中轉向了，不僅與美國完成多項協議，更號稱達到兩國「史上未有的信任」。只是外界仍不看好，認為美印兩國共享的只是利益，不是價值，兩國的關係只是「交易」。

印度和美國的關係在二〇二三年六月，推到了新的高峰。

當時印度總理莫迪到美國進行兩天國是訪問，先是在參眾兩院聯席會演講，又是接受美國國宴款待，備受禮遇。

兩國共享的只是利益，不是價值

美印兩國的國防與科技合作也因這次訪問而更為深化。美國同意印度以「非條約盟國」身分，參與製造新進飛機引擎，也同意印度購買價值三十億美元的三十架海上衛士無人機。

此外，兩國也達成協議，美艦將可停靠印度港口修整。兩國並正式啟動「印美防衛加速生態體系」，可以加速新創公司的研發成果向國防工業轉移。這些協議讓莫迪直呼，這是兩國「史上未有的信任」。

兩國也在今年一月啟動的「關鍵和新興技術倡議」之下，在AI、量子計算、太空探測、半導體等方面達成一系列合作協議。美光同意在莫迪的家鄉古加拉特省，投資八．二五億美元設立晶片組裝與測試廠；應用材料也宣布在印度成立商業化與創新中心。這讓莫迪此行收穫滿滿，也讓美國和印度的關係看起來一片光明。

相較於政府官員表現出的興高采烈，美國學界與媒體則相對務實。他們認為美印關係很重要，但他呼籲政府還是要務實。他們表示，印度就是印度，不是美國官員想像中的印度。美國政府老是說，美印兩國，一個是歷史最悠久的民主國家，一個是人口最多的民主國家，兩國有共同的價值。但批評者指出，莫迪上台後大開民主倒車（一些民主黨自由派國會議員因此拒絕出席莫迪的國會演說），所以兩國共享的只是利益，不是價值，兩國的關係只是「交易」。

外交上堅稱不結盟，難甩「搖擺國」之名

其實美印兩國是否一直有重疊的利益也沒把握。從印度獨立後的首任總理尼赫魯時代，美國就一直想拉攏印度，但不管給多少援助，印度還是宣布自己的政策是「不結盟」。

《紐約時報》是這樣形容印度的：「她是全球政治上最重要的搖擺國，她的影響力足以改變國際的權力平衡，但她支持哪一邊卻從來不明確也不一致。」印度也是全球十大經濟體中，唯一沒有在拜登呼籲的「民主對抗極權」的鬥爭中表態的國家。

然而，印度雖不結盟，傳統上仍與俄國走得較近，尤其是軍事關係。但俄烏戰爭爆發後，許多習以為常的事都改變了。俄國武器快速消耗，已不足以滿足印度需求（印度是最大武器進口國），加上俄國與中國愈走愈近，亦非印度所樂見，因此

無論為武器來源或權力平衡，印度都必須另尋戰略夥伴。所以，美印的軍事合作關係因此有了突破的空間。

這些都是美國的世界觀，美國是從印太聯盟的視角看美印關係，印度的世界觀未必如此。印度的世界觀不是民主對極權的「東西對抗」，而是窮國與富國的「南北對抗」，是多元的世界格局。但這並不表示以代表全球南方自居的印度，和代表民主國家的美國，就沒有重疊的利益。但印度標榜的是多重結盟，外交立場經常因時因事而變動，遏制中國的擴張就是現階段共同的利益。

#史上未有的信任　#印度不結盟政策　#搖擺國
#美國的世界觀　#印度的世界觀

第二章

東協走勢潛規則

東南亞現在炙手可熱。不但台灣的新南向，中國的一帶一路、美國的印太戰略、印度的東進政策都在東南亞交會，日本、韓國、俄羅斯也各有各的東南亞布局。東南亞年輕的人口，日漸茁壯的中產階級，為西方企業提供了勞動力與龐大的市場。印尼的鎳礦，是新能源最需要的綠色金屬，更讓印尼擁有了成為「綠色強權」的潛力。

東南亞可以分為「海洋東南亞」與「大陸東南亞」兩個部分。海洋東南亞因著南海主權爭議，讓東南亞的南海主權「聲索國」成為中美競相拉攏的對象。中美兩國都界定南海為其核心利益，中國強調主權，美國強調自由航行，雙方都在拉攏相關國家，也讓占據重要戰略位置的菲律賓和越南，得以在中美之間靈活擺動，左右逢源。

大陸東南亞則聚焦在中南半島的湄公河流域。湄公河的水資源開發為大家所共同關切，中國、日本、美國都提出了湄公河的開發計畫，也都希望成為東南亞國家的重要夥伴。所以這又是一個競合的場域。

面對列強在東南亞的角逐，新加坡總理李顯龍表示，東協不希望被迫選邊。但在不選邊的情況下，還是可以看得出來柬埔寨與寮國和中國的關係特別好。

緬甸因為二〇二一年發生軍事政變被西方制裁，因此跟俄國走得近。但東南亞國家基本上還是務實的，像柬埔寨雖然和中國關係密切，但也接納了不少日資；印尼和日本關係友好，但是佐科威總統在二〇二三年七月，還是應習近平之邀到成都看世大運開幕，並舉行峰會爭取援助。

印尼是東南亞最大的國家，也是人口最多的穆斯林國家。印尼在總統佐科威的領導下，一心提高印尼在國際舞台的角色。佐科威任滿之後，繼任者會如何帶領印尼？處於美中競逐之下，東南亞能一直不選邊嗎？我們都很想知道。

01 東協峰會十缺一

中美爭相金援，誰是新戰略夥伴？

二〇二二年十一月，東協國家馬拉松式接連舉辦重量級峰會。在短短十天內，先是金邊的東協峰會、東亞峰會，接著是峇里島的G20峰會，最後是曼谷的APEC峰會。一場場，場內場外的中美外交較勁，牽動亞洲新棋局。

東協第四十屆和第四十一屆峰會，於二〇二二年十一月十一日，同一天在柬埔寨金邊舉行。而緬甸問題，是與會國最大的關切。

自二〇二一年緬甸發生政變後，軍政府遲遲未還政於民，東協於是禁止軍政府領導人參加峰會，要求改派非政治人物參加。緬甸軍政府拒絕，於是東協峰會緬甸名牌後面就是一個空席。這對講究十國一體的東協自是一個諷刺，因為少一個成員，東協還能否發揮應有功能？這次峰會印尼和新加坡都表示憂心，稱東協不能被一個國家綁架。因而要求加大對緬甸的壓力。

管不了緬甸，東協陷兩難困境

東協向來標舉在外交上柔性勸說與不干涉內政的「東協方式」，雖在二〇二一年曾就解決緬甸問題提出過五點共識，但是緬甸根本不理，東協也無可奈何，一直處在干預輕重難以拿捏的兩難之中。

這次的東協峰會就是這樣，本來印尼主張對緬甸要更加強硬，最後出來的聯合聲明還是含糊帶過。看來東協要在國際舞台發揮自主的重要角色，還得先過了能夠解決緬甸問題這一關才行。

東協峰會開始當天，美國總統拜登人在埃及開聯合國氣候峰會，隔天馬不停蹄就飛到了金邊與東協國家舉行峰會，證明拜登政府對東協的重視。

拜登心裡其實是不喜歡柬埔寨的，所以和洪森總理見面時，在感謝完金邊因烏克蘭問題的仗義執言之後，就對中國使用柬埔寨的雲壤基地表示關切，強調保持透明的重要性。並呼籲洪森釋放政治異議人士，期待在接下來的柬國大選前能有一個開放的空間。

有國外媒體指出，由於柬埔寨和中國關係太好，所以美國根本放棄了爭取柬埔寨。這也不無道理。因為在此前幾天，中國國務院總理李克強才和柬埔寨簽下十八個雙邊協議，並且主持了中國耗資二十億美元幫柬國建造的金邊到西哈努克港快速道路通車。以中柬關係之密切，美國實在很難在其中找到縫隙。所以拜登兼程趕到金邊，為的還是和整個東協對話。

習拜接連造訪撒錢，拉攏東南亞

拜登向與會九國表示，東協是美國印太戰略的中心，美國將在區域重大問題上和東協合作，比如緬甸和南海。美國也宣布，和東協提升到全面戰略夥伴關係，和中國與東協有了同樣的位階（中國是二〇二一年取得全面戰略夥伴關係的身分）。

拜登同時宣布對東協提供八億六千萬美元的援助，主要用在潔淨能源與教育、法制等方面。但就在前一天，同一個地方，李克強與東協國家對話才宣布設立兩千七百六十萬美元的發展援助基金。可見中美都在全力爭取東協，東協也樂得左右逢源。

李克強只是中國這一波東南亞外交的第一棒，第二棒則是習近平親自上陣，參加峇里島的G20和曼谷的APEC峰會，並且在G20峰會前和拜登舉行雙邊會談。美中爭取東南亞，是兩國對抗的大戰略，習拜會只是其中一個小插曲。美中對抗的大態勢沒變，習拜一會只可能為對抗設一護欄，是改變不了大局的。

#緬甸缺席東協峰會　#習拜會搶東南亞盟友
#就是管不了緬甸

02 東協中等國家機智外交
大玩外交槓桿，拒在中美之間選邊站

中國與東協建立對話夥伴關係在二〇二一年屆滿三十週年。但是，中國對東南亞外交的大動作，並未討好大家，甚至讓關係變得更加微妙，沒人想在中美之間選邊站。而菲律賓與中美的關係，就是最好例證。

如果把外交關係分成兩層，中美俄等大國外交是第一層，亞洲的中等國家就在第二層。

兩層外交相互牽引：第一層的大國或希望第二層國家幫她打代理人戰爭；但第二層也有自己的想法，雖然在一些問題上未必有完全的話語權，但在外交槓桿的巧妙運用之下，經常也會回頭去影響第一層的互動。

像是中美的阿拉斯加火爆交鋒，於二〇二一年四月五日結束，第二層的中等國家外交就熱鬧登場。在這個華人重要的清明假期，中國外交部長王毅在福建會見了新加坡、馬來西亞、印尼、菲律賓與韓國的外交部長。

中國漁船撈過界，美挺菲捍衛主權

這些國家中，除了新加坡和馬來西亞較為單純外，中國和其他三國的關係都相當微妙。

在當年的三月三十日，印尼才剛和日本舉行了外交部長與國防部長的二加二會談，雙方決定加強合作、聯合演習之後，四月二日，印尼外交部長雷特諾就飛到福建南平與王毅會談。韓國也是一樣，隔天韓國安保室長徐薰在美國參加美日韓國安層級的高峰會談，同一天韓國外交部長鄭義溶也在廈門會見了王毅。

很明顯的，**中等國家也有自己的利益**，且不願在中美之間輕易選邊站。菲律賓對中國的外交尤其讓人關注。

自二〇二一年的三月開始，兩百多艘中國漁船（菲律賓稱其為中國的海上民兵）

在南海牛軛礁附近集結。牛軛礁屬於九章群礁，九章群礁上有中國基地，也有越南基地。牛軛礁在群礁最北，位於菲律賓專屬經濟海域之內，但也在中國九段線之內。

漁船集結久久不散，菲律賓政府強烈抗議，派出飛機與船艦予以監控。美國駐菲大使館與國務院也發表聲明，力挺菲律賓捍衛主權的立場。

菲律賓之所以緊張，是因為過去中國大陸對美濟礁（一九九五年）、黃岩島（二〇一二年）確認主權，並建造人工設施，用的都是同樣手法。所以這次漁船在牛軛礁集結，應也是中國想在這一片海域擴張影響力的前奏。二〇二二年菲律賓的大選，菲國總統杜特蒂雖不能再選，但要確保他支持的人能夠當選，就必須在對中外交上堅定，所以這次反應才會這麼強硬。

美原認黃岩島不屬菲，南海利益牽引立場轉向

這次和以往不同的是，美國過去對菲律賓沒有那麼支持。黃岩島發生主權衝突時，美國甚至不認為黃岩島屬於菲律賓。如今美國又是發表外交支持，又是幫助監控，反倒讓菲律賓的外交陷入被動。

這就是前面講的，第一層的外交影響到第二層。而就在菲律賓外交部長羅欽要

與王毅會面的同一個禮拜，中國一百萬劑的新冠疫苗運抵菲律賓。這讓羅欽不知見面時要抗議還是感謝。

通常，外交關係若都很好，或都很緊張，會比較好處理。但像中菲這種有張有弛的關係，就考驗雙方的外交藝術了。王毅會見羅欽時，談到會落實南海行為宣言，並推動南海行為準則的談判。這些話的潛台詞是，**南海問題我們區域國家自己解決，不要被域外國家干擾。**

可是以菲律賓和美國的軍事關係，中國當然也知道美國影響力根本不可能被排除。可是另一方面，從中菲達成共同開發禮樂灘油氣田的協議來看，南海問題在沒有外力的干預下，也不是完全不能解。

羅欽於是對中國的疫苗表示感謝，也表示會認真研究中國提出的《**全球數據安全倡議**》，這又是一個與美國「**全球5G乾淨網路名單**」交鋒的衝突點，也是中國的東南亞外交屆滿三十週年上演的一場好戲。

#中等國家的大國外交策略　#中美菲陷三角關係

#黃岩島主權　#中國漁船撈過界

03 東協版CIA關鍵任務

緬甸問題一代傳一代，印尼責無旁貸？

緬甸軍政府政變後，不管是泰國軍政府積極想要對話，或者對印尼派了特使赴緬協助，問題還是得不到解決。東協國家想要更具國際影響力，創造屬於自己的「CIA時代」，看來還有艱辛的路要走。

緬甸在二〇二一年政變後，已經變成東協的燙手山芋。東協一直希望在國際舞台扮演重要的角色，新加坡學者馬凱碩甚至創了一個新詞叫「CIA國家」，表示以後將是「CIA的時代」。

C是中國，I是印度，A最早是指美國，後來改成東協。若從經濟增長的推動力觀之，這個提法沒有問題，但若論及國際舞台的影響力，東協則還更需要加把勁證明自己的能力，其中最重要的就是能夠解決緬甸問題。

東協要登國際舞台，緬甸成絆腳石

二〇二三年二月四日，在印尼雅加達結束為期兩天的第三十二屆東南亞國家協會外長會議。會中談了南海問題、東帝汶正式加入東協的問題，也談了緬甸情勢。

此次會議主席、印尼外交部長雷特諾在致詞時不斷強調「團結」，表示東協成員是團結的。**可是愈宣示團結，卻愈顯示東協內部是不團結的。**南海問題上對中國用詞的強弱，固然有內部的分歧，但更大的分歧是如何處理緬甸問題。

二〇二一年汶萊擔任東協輪值主席，解決不了緬甸問題，將燙手山芋拋給了二〇二二年主席柬埔寨。柬埔寨雖說服緬甸軍政府釋放了一些政治犯，但還是沒能解決緬甸的政治僵局，翁山蘇姬還是關在牢裡。接著，燙手山芋又拋給了下一個苦主印尼。

緬甸是東協的燙手山芋，現在也成了印尼的燙手山芋。印尼總統佐科威在外交上一直有旺盛企圖心，想把東協推到國際舞台的中心，但緬甸問題得先解決。

緬甸問題的癥結，在於軍政府一直不願執行東協二〇二一年四月就緬甸問題提出的五點共識。根據這個共識，緬甸朝野必須先停火，並且舉行包括各黨派在內的全面對話。

但緬甸軍政府一直沒有停止鎮壓與清剿的行動，更不用說對話了。偏偏東協又有不干涉內政的傳統，於是只能配合國際對緬甸制裁，並禁止軍政府的代表參加東協各種會議，以表示對軍政府的否定。可是這樣做根本無效，反而讓緬甸百姓生活更為困苦。

泰國軍政府經驗、印尼派特使能化解僵局？

泰國軍方向與緬甸軍方交好，泰國首相巴育自己就是軍事政變出身，泰國應該有很多這方面的經驗可以供緬甸取經。所以二〇二二年十二月，泰國就與緬甸外交部長在曼谷舉行非正式會議，越南、柬埔寨和寮國三國與會。

可是，印尼、馬來西亞、新加坡、菲律賓、汶萊五國認為，這是對緬甸示弱，拒絕與會，東協對緬甸態度開始分歧。有論者稱這是「大陸東南亞」和「海洋東南亞」的分裂，這也是為什麼印尼外交部長雷特諾要大聲疾呼東協必須團結的原因。

雷特諾說，印尼外交部將新設緬甸問題特使辦公室，由外交部長親自負責。印尼總統佐科威也在接受路透社訪問時說，印尼派遣了一位高階將領赴緬，分享印尼自己的政治經驗。印尼在一九九八年軍方支持的「新秩序」政府垮台後，也經歷過軍人交出政權的政治轉型過程，現在很多高階將領也在文人政府任職，他希望這個經驗將有助於化解緬甸的政治僵局。

要說服軍政府軟化，是否意味東協對軍政府的態度不再一味孤立，而開始有非正式的接觸？果真如此，印尼就要先說服馬來西亞等東協強硬派才行。還有，緬甸接下來舉行大選，外界想也知道這不會是西方標準的民主選舉，東協該不該承認這種形式的大選結果？看來頭痛的問題短時間內看不到盡頭。

#亞洲也有CIA #CIA的團結力堪憂
#誰能解決緬甸問題 #東協關鍵的一年

04 緬甸迎習近平近年首次到訪 宣示七十年好友情，打通兩國經濟走廊

中緬相交達七十週年，從經貿到農林、投資、金融等，幾乎全方位合作，兩國已經成為命運共同體。尤其一帶一路可望打通中緬經濟命脈，只是環保問題未解，更遑論鐵路沿線還有叛軍、民兵作梗。

為了慶祝中緬兩國建交七十週年，中國國家主席習近平於在二〇二〇年一月十七、十八兩日，親赴緬甸進行國是訪問。這也是習近平擔任國家主席以來，首次訪問緬甸，象徵中緬關係邁向了新的里程碑。

尤其訪問時間點，就在海牙國際法庭對緬甸被控涉及羅興亞人種族滅絕一事做出裁決前夕，中方「堅定支持緬甸在國際舞台維護正當權益和國家尊嚴」，對羅興亞人也以「避亂民眾」稱之，看在緬甸政府眼裡自然格外受用。

一千公里經濟走廊，讓中國直達印度洋

會談後兩國發表聯合聲明，決定深化兩國「全面戰略合作夥伴關係」，打造中緬命運共同體，並在深化經貿、農林、產能、投資、金融等領域務實合作。由於緬甸在中國的一帶一路也扮演重要角色，所以聯合聲明也特別提到要推動中緬經濟走廊，將其從概念規劃轉入實質建設階段。

中緬經濟走廊長達一千七百公里，從雲南省省會昆明，先下達緬甸中部的第二大城曼德勒（瓦城），從曼德勒再分兩路，一路往下直達緬甸第一大城、經濟中心仰光；另一路往西達到若開邦的皎漂港以及計畫興建的皎漂經濟特區，形成一個「人」字形的交通命脈。

這條路線讓中國可以從西南直達印度洋，繞過南海與馬六甲海峽，最後更將向西擴張，成為孟加拉、中國、印度、緬甸經濟走廊的起始一段。所以聯合聲明特別

指出，要著力推進皎漂經濟特區、中緬邊境經濟合作區、仰光新城的三端支撐，以及公路、鐵路、電力能源等互聯互通的骨架建設。

對於緬甸政府與少數民族談判，中方也願意扮演積極角色，所以緬方也在聯合聲明中特別指出：「緬方感謝中方為此發揮積極建設性作用」。中國對緬甸少數民族是有一定影響力的，當地媒體指出，中國特使在習近平到訪之前，甚至訪問了幾個主要的激進組織，警告他們不要破壞中緬這次會面。

沿線有叛軍民兵，中國必須擺平冰毒勢力

光鮮的前景下面，仍潛藏了許多問題。以木姐—曼德勒高鐵路線為例，這是中緬經濟走廊下面一個大型項目，投資金額達八十九億美元，連接雲南和緬甸西海岸的木姐鎮。

可是木姐所在地撣邦是冰毒生產中心之一，駐紮著十幾支叛亂部隊和數百支民兵部隊。一些西方媒體指出，若一帶一路帶來的經濟利益，不能讓各股勢力均衡分配，這些勢力勢必能成為帶路建設的障礙。

更重要的問題是環保。緬甸綠色祖國發展委員會主席溫妙度就對《亞洲週刊》

表示，像一帶一路這樣大型的基礎建設，通常都會造成無可逆轉的環境衝擊，特別是森林的流失，進而引發氣候變遷，接著就是自然災害。

而緬甸又與波多黎各、委內瑞拉並列，是過去二十年來世界最容易引發氣候災害的地區。目前中國在緬甸的建設，引發環保抗議的，除了大家熟知的密松水壩之外，還包括皎漂的深水港、從皎漂到中國長達七百七十一公里的油氣管，以及位於實階省的萊比塘銅礦與鎳礦，這些問題都造成緬甸對中國的不滿。

緬甸對中國的高度依賴，也讓一些緬甸人擔心。雖然不一定會造成債務陷阱，但緬甸會不會變成中國一省的焦慮已經出現。中國如何以更精緻的外交作為，在與緬甸政府高倡生命共同體的同時，設法化解緬甸老百姓的疑慮與焦慮，是北京在中緬關係上最重要的功課。

#中緬經濟走廊大利益 #緬甸人擔心被中國收編
#緬甸會變成中國的一省嗎? #中緬走廊冰毒勢力

05 中國「亞洲時刻」對上美國「新紀元」東協特別峰會後勁強，中國打經濟牌固樁

中國高舉的「亞洲時刻」，對上美國宣布的「新紀元」，將美中地緣政治較勁帶入了新階段。東南亞地緣戰略重要性不言而喻，但各國與美中之間的親疏關係，也在此表露無遺。

美國對東協的「關心」與「關係」，在二〇二一年終於前進一大步，雙方決定把雙邊關係由戰略夥伴提升為有意義、具實質且互惠互利的「全面戰略夥伴關係」。拜登同時宣布，美國與東協關係進入「新紀元」，並任命國家安全會議幕僚長亞伯拉罕，出任懸缺五年的美國駐東協大使。

這場在華府舉行的實體峰會，於二〇二二年五月十二至十三日舉行，也是自二〇一六年以來，首度由美國總統主持的東協會議。

東協一共十國，其中緬甸軍事政變領袖敏昂來沒有獲邀與會，菲律賓因政權交替，所以杜特蒂也沒有參加，因此一共是八國領導人與會。八國裡面，值得關注的是新加坡、柬埔寨與印尼三國。

新加坡樂當美國橋梁，多方奔走

其中，新加坡總理李顯龍積極扮演美國與東協的橋梁角色。俄烏戰爭爆發後，新加坡譴責俄國並參與美國領銜的對俄制裁；二〇二二年三月底美國擬邀東協領導人到華府峰會，但因有些人無法參加而被迫延到四月，原訂時間變成李顯龍一人到白宮與拜登會晤；五月，李顯龍又再訪白宮參加峰會。

這樣對美國力挺，反映出新加坡外交的傳統——拉住各方強權在亞洲維持平衡，從中爭取小國最大利益。這由李顯龍在峰會後的講話，看得最為清楚。他說：「沒有其他人能取代美國的角色，而今區域的勢力平衡在改變，所以我們更加感謝美國能繼續保持參與。」

柬埔寨當年正是東協的輪值主席。在峰會之前，柬埔寨一位高階官員表示，美國必須以尊重與平等的態度與東協領袖見面，且拜登若要證明對東南亞是認真的，就應該多花一點時間與東協領袖進行雙邊會談。

我們平常觀察國際會議，除場內決議外，更關切的是場外的兩兩雙邊會談，那才是真正的重頭戲。但這次卻沒有雙邊會談，連柬埔寨這個輪值主席國也沒機會和拜登單獨會談。對這點，柬埔寨應該有一點失望。

印尼是G20的輪值主席國，但是印尼總統佐科威也沒機會與拜登單獨會談。美國原先希望印尼G20峰會不要邀請普丁，但印尼最多只做到邀請俄烏兩國元首同時參加。峰會後發表的聯合願景聲明，也呼籲雙方立即停火，強調主權獨立、領土完整，但沒點出俄國之名。美國說，不會要求東協選邊，其實應該是美國也無力要求東協選邊。

中國固樁喊團結，拉高關注層級

這次峰會也沒點出中國的名字，但大家都看得出美國劍指中國的布局。所以習近平在博鰲亞洲論壇開幕講話上，提出全球安全倡議，以共同、綜合、合作、可持續的新安全觀，拉高關注的視角到全球層次。

中國外交部長王毅則在低一個層次，對個別國家進行固樁。例如跟印尼統籌部長盧胡特舉行視訊會議，強調任何地區戰略，都應該是互利共贏，不是零和博弈。同時也跟柬埔寨外交部長布拉索昆視訊，呼籲亞洲國家應審慎並抵制任何挑釁。

王毅表示，中國舉辦金磚峰會，柬埔寨舉辦東協峰會，印尼舉辦G20峰會，全球治理進入了「亞洲時刻」。中國願助柬埔寨在其中扮演建設性的角色，這在柬埔寨聽起來就悅耳多了。

中國高舉的亞洲時刻，對上美國宣布的新紀元，將美中地緣政治較勁帶入了新的階段。亞洲國家本就有自己各自的夢，對美中兩國的親疏關係也各自不同，美中兩國經營東南亞的用力深淺也各有不同。然而不管美中如何較勁，東南亞的重要性日漸升高都是不爭的事實。

#中國的亞洲時刻 #美國的新紀元 #美國插旗東南亞
#場內熱鬧場外沒譜 #中國博鰲亞洲論壇反擊

06 經濟起飛的「越南夢」

台廠加碼布局，美中貿易戰下的大贏家

近年來，台灣多家電子供應鏈廠商改赴越南設廠，讓更多台灣人重新認識越南；從防疫有成，到美中貿易戰下成為贏家，提升經濟地位。未來越南如何與美中共處，同時保持經濟成長，備受矚目。

越共黨代表大會的每次召開，常都帶來國家發展方向的一次轉折。

回顧一下過去，自一九八六年「六大」之後，越南開始改革開放。

一九九一年「七大」之後，越南和中國關係正常化，和美國建交，並加入東協。

二〇〇六年「十大」之後，越南加入ＷＴＯ，三星進入越南；阮晉勇出任總理，開始貿易自由化，並與日本加強貿易夥伴關係。

二〇一一年十一大之後，企業家可以入黨，阮富仲出任總書記。

二〇一六年「十二大」之後，被認為親美、南越出身的阮晉勇下台，北越出身，老成親中的阮富仲連任總書記。

五年一輪換接班，四駕馬車穩穩行

二〇二一年越南共產黨第十三次全國代表大會（簡稱越共十三大）於一月二十五日到二月二日於河內舉行，決定往後五年越南的內政與外交政策方向，並選出總書記、總理、國家主席、國會議長四駕馬車的國家領導班子，所以格外引起關注。

當時出席大會的人員包括四千二百九十九名黨代表、來賓、官員，以及近五百名越南媒體記者、近六十名派駐越南的外國媒體記者，總計近五千人。因為是疫情時代的大型聚會，所以所有與會者都需要接受兩次 COVID-19 篩檢都是陰性才能出席。

事實上，越南「四駕馬車」因為總書記阮富仲自二〇一八年後兼任國家主席，所以只有三駕，亦即阮富仲、總理阮春福，以及國會議長阮氏金銀。阮富仲師法中國以反貪腐為手段，扳倒了胡志明市委書記、越共中央委員丁羅昇等南越出身的政治勢力，雖有北方政治勢力與南方經濟勢力較勁的暗潮，但也確實為他爭取到不少支持。

在反貪腐的力道不能鬆懈的共識下，阮富仲不負眾望，打破總書記任期兩屆的限制，在十三大後繼續獲得留任，穩住政局。

地緣政治×經濟，越南身價高漲

外界評論越南政府在三條戰線取得了勝利：

第一條就是前述，在實體世界以反貪腐為手段，在黨內掃除了異己。

第二條是在網路的虛擬世界強勢掌控。臉書、YouTube、谷歌，都在越南政府的壓力下，同意配合刪除絕大部分政府認為是惡意的訊息。虛加實的高壓政策讓越南的情勢呈現相對穩定。

第三條戰線則是抗疫的成功。

越南被認為是全亞洲防疫成效卓越的國家之一。根據美國約翰霍普金斯大學疫情統計，越南截至一月二十五日為止累計一千五百四十八案例，三十五人死亡。抗疫的成功讓越南有穩定的環境發展經濟。在二〇二〇年底，越南經濟成長率仍有二．八％，勝過多數亞洲國家。

美中貿易戰多年打下來，許多供應鏈南移，都到了越南。而美日推動的印太戰略，也以越南為重要支點。地緣政治與地緣經濟因素相互加乘，讓越南的身價水漲船高。台灣的鴻海、和碩、仁寶、緯創、英業達等台灣電子代工大廠，全都加碼布局越南。

可是經濟起飛也帶來新的問題。越南經濟起飛，跟美國的貿易順差跟著增加，外交的企圖心也加劇了和中國的摩擦。如何在美中之間維持平衡，同時讓經濟持續成長，是新領導人所要面對的最大考驗。

#越共四駕馬車　#防疫有成帶動經濟　#台企供應鏈設廠加碼
#台商加碼　#別忘了越南是共產國家喔

印太關鍵事件簿時間表

- 2023.06.26 印度總理莫迪抵美進行國是訪問@華盛頓特區
- 2023.03.01 G20 外長會議@印度新德里
- 2023.02.04 東協第二十二屆外長會議@雅加達
- 2022.05.12 美國與東協特別峰會@華府
- 2022.11.11 東協第四十屆和第四十一屆峰會@柬埔寨金邊
- 2021.03.31 中國、新加坡、馬來西亞、印尼、菲律賓與韓國外長峰會@中國福建
- 2021.03.19 美國國防部長奧斯汀訪印@印度
- 2021.10.18 中東版經濟四方對話@以色列耶路撒冷
- 2021.01.25 越共十三大@越南河內
- 2020.09.12 全阿富汗政治和談@卡達多哈
- 2020.06.06 中國和印度高階將領軍事對話@ Online
- 2020.01.17 習近平首次以中國國家主席身分訪問緬甸@緬甸
- 2019.08.05 印度總理莫迪取消喀什米爾的自治地位@印度新德里

Part 2

中東地緣

第三章

沙烏地暗黑王儲 MBS兩手策略

中東包括伊朗與伊拉克所在的兩河流域、以色列與巴勒斯坦，以及北非地區等三大塊。因為盛產石油，所以過去一直是兵家必爭之地。中東本地的民族非常多，有阿拉伯人、波斯人、猶太人、突厥人，還有過去殖民的法國人、英國人，加上二十世紀後加入競逐的美國人、俄國人、中國人，多方勢力的競爭較勁，譜出了中東的大戲。

但這個紛擾的大戲，可以簡化成一個天秤，一端是波斯（伊朗，回教什葉派），一端是阿拉伯（沙烏地，回教遜尼派）。其他國家則彈性的在天秤這一端或另一端押寶。

美國過去跟沙烏地的關係非常密切，美國保障沙烏地的安全，沙烏地則同意石油以美元計價。民主黨歐巴馬當總統時，中東政策的重點擺到天秤的伊朗這一端，希望美國與伊朗的關係有所突破，美沙關係也因此出現緊張。

到了共和黨川普上台後，又把中東政策的重心擺回沙烏地。直到拜登上來，又開始往伊朗那一段擺動。大國的中東政策在天秤兩端擺盪的軌跡，成為我們觀察中東情勢的脈絡。

中東大戲中，人的故事也非常精采。沙烏地王儲ＭＢＳ絕對是舞台上的主角。他本來是第二王儲，後來在一場沙漠政變中打敗他的堂兄，成為唯一的王儲。一九八五年出生的他，年輕、帥氣，而且有著改革沙烏地的雄心。

川普當年透過女婿庫什納為窗口，幾乎把中東政策就全押在ＭＢＳ身上。可是ＭＢＳ揮軍進入葉門，卻讓沙烏地陷入葉門內戰的泥淖之中，也讓他成為政敵的攻擊目標。

二〇一八年沙烏地異議記者哈紹吉在土耳其的沙烏地領事館遭到殺害，更讓ＭＢＳ陷入爭議的暴風圈。不管是否ＭＢＳ授意，哈紹吉案都重創了ＭＢＳ的聲望與信譽。可是ＭＢＳ卻不能垮，要是他垮了，沙烏地勢必爆發新的政爭。而潘朵拉的盒子一打開，連伊朗都可能蠢蠢欲動，沙烏地的動盪也將外溢到整個中東。

這就是今天觀看中東的背景，多國角逐，人帶進事，事帶進人的相互糾結。

01 MBS的報復獨角戲

將宮鬥與油價戰掛鉤，王儲展現火爆氣勢

MBS堪稱沙國最有實權，也最受國際爭議的儲君。為了穩固接班與建立威望，他甚至不惜一天之內同時大動作在國內宮廷整肅，在國際掀起油價大戰。他的爆衝牽動中東情勢，外界稱呼他為「暗黑王儲」，擁有翻雲覆雨的果斷力。

沙烏地王儲穆罕默德（Mohammed bin Salman，以下簡稱MBS），在沙烏地動見觀瞻，也是國際間相當活躍的王儲要角，更是沙烏地國王薩爾曼最寵愛的兒子。他的「成王之路」，要從二〇一七年一場宮廷政變中取得王儲地位說起。

沙國王位繼承本是兄終弟及，二〇一五年薩爾曼從他哥哥手中繼承王位之後，

下一個繼承的順位應該是他弟弟，今年八十一歲的阿梅德親王；要不就是他哥哥的兒子，穆罕默德納耶夫親王。

薩爾曼國王本也遵循這個原則，於繼位之初任命納耶夫為王儲兼內政部長，負責反恐的任務，但沒兩年後他就反悔了。在二〇一七年的一場宮廷政變中，國王薩勒曼逼納耶夫下野，由其堂弟也就是MBS接任王儲。

穩固接班地位，整肅親王以免後患

誰也沒料到，在二〇二〇年三月六日深夜，MBS在國內外同時引爆了兩枚震撼彈：一是宮廷整肅，一是油價大戰。兩個事件都展現了這位當年三十五歲王儲的火爆性格，也透露出這個沙漠王國所面臨的困境。

可以想見，全沙烏地最反對MBS繼任國王的，就是納耶夫與阿梅德兩位親王。兩位親王開始串聯，可能發動政變的傳聞傳得滿城風雨。他們是不是真想發動政變誰也不知道，但MBS寧可信其有，於是在二〇二〇年的宮廷整肅中，下令御林軍軟禁這兩個親王。

幾件事讓MBS感到緊張：

一是納耶夫親王過去負責反恐，在英美情報圈有很多支持他的人脈。MBS自己只有川普力挺，但當時川普不見得能順利連任，不趁川普還在白宮時掃除政敵，以後只會有更多變數。

二是老王身體不佳，接班布局必須提前啟動。

三是MBS自己在國內聲望不高，必須以整肅立威。

MBS推動自由化的政策，引起保守勢力反彈；他擔任國防部長，揮兵進入葉門，結果讓沙國部隊深陷泥淖進退兩難；加上二〇一八年沙國異議記者哈紹吉被殺害的事件，他也脫不了關係，國際上要求真相的壓力依然沉重，這都讓他覺得接班會受到威脅，必須及時出手對潛在的敵人斷然處置。

增產石油報復俄國，無懼傷人傷己

這時在石油輸出國家組織（Organization of the Petroleum Exporting Countries，簡稱OPEC）與一些非成員國的原油生產國組成的OPEC+會議上，又發生俄國提出拒絕配合沙國減產拉高油價的建議，讓MBS感到尷尬。

MBS想改變沙國太過依賴石油的產業結構，推出了願景二〇三〇計畫，希望釋出部分沙特阿美石油公司股份，募集資金推動經濟轉型。所以他需要高一點的油價，讓沙特阿美有好一點賣相。願景二〇三〇對他而言是一定要成功的，這樣接班的路才會平順。

偏偏普丁的想法不同，他認為現在減產對油價沒有幫助，反而會把市場拱手讓給美國頁岩油。雖然MBS請他父王親自給普丁打電話，普丁還是給了沙烏地一個軟釘子。

MBS這才發現，原來沙國以及沙國領導的OPEC，在石油市場上居然這麼沒份量。盛怒之下，他決定以增產對俄報復，不但不減，還增產、打折，一場驚天動地的油價大戰就此引爆，油價、股市應聲崩盤。MBS想用這種震撼手段，逼俄國回來重新跟他談減產。

中東分析家指出，刻意讓宮廷整肅和油價大戰同一天爆發，MBS便可將兩者掛鉤，告訴美國若要沙國結束油價大戰，穩住股市，就不要過問沙國的宮廷鬥爭，不要支持納耶夫。但也有資料顯示，油價崩盤，沙國自己也受到重創，可能先熬不下去的是她，不是俄國。

據報導，MBS是力排眾議，執意要引爆這場大戰，完全展現出他的衝撞性格。這樣的人真要接班了，對沙國，對中東局勢又會添加多少不確定性，就真沒把握了。

#別惹MBS #對美俄的報復傷人不利己

#沙國未來令人堪憂 #宮廷整肅

#暗黑王儲MBS

02 ＭＢＳ與拜登間的石油蹺蹺板
美沙關係鬆緊，跟著油價連動起伏

沙烏地擁有石油就是任性。王儲ＭＢＳ在宮鬥與石油戰中穩住自己地位後，持續在國際間以操控石油來立威。疫情期間，美國釋出戰備石油後，希望沙國能夠跟進，但這只是向ＭＢＳ遞出了更多外交籌碼，讓他拿到更有利的國際施力點。

ＭＢＳ是在二〇一七年一場不流血政變中，從他堂哥納耶夫手中搶到王儲寶座。當時油價不斷下跌，從二〇一四年六月的每桶一百一十五美元，跌到二〇一五年一月的四十五美元，二〇一六年初更跌到三十美元以下。

於是ＭＢＳ提出願景二〇三〇計畫，希望吸引國際投資，幫助沙國經濟轉型，不要單純依賴石油。但是募資效果不佳，加上哈紹吉事件重創沙國形象，又碰到疫情帶來的經濟萎縮，促使油價崩盤，逼得沙國只好增稅，減少支出，並向外舉債。MBS在國內的支持度也開始動搖。

各國戒不掉石油，沙烏地又獲外交籌碼

誰知疫情讓油價開始上漲，遭到疫情重創的美國頁岩油產業，無法補上石油供給的缺口，國際資金開始湧入中東搶油。沙國石油產量增加到每天一千萬桶，甚至超過了疫情之前的產量。沙國一改過去將石油獲利用來降稅或增加公共支出的做法，反而將這些錢用來還債，並投入主權基金，讓沙國在對外投資或進行經濟布局時有更多的籌碼。

近年國際間石油的重要性暴起暴落，其實有脈絡可循。二〇一四年，當美國頁岩油的開採井噴的時候，人們以為國際能源的地圖已然翻轉，美國對中東的依賴愈來愈少，外交的重心將轉到亞洲。

不料後來新冠疫情肆虐，各國力圖振興經濟，此時才發現自己對中東的石油仍有相當依賴。於是，連美國都釋出五千萬桶戰備石油，並希望說服沙烏地增產，以

降低油價，緩和通膨。

當聯合國氣候變遷會議在英國召開的時候，大家都強調要發展綠能，減少對石油的依賴。但當能源價格飆漲，人們也才發現，原來自己一時半刻之間，根本戒不掉石油。國際情勢就這樣充滿弔詭，有著意想不到的轉折。

油價上漲，讓沙烏地在政治上與經濟上又有了籌碼。美國希望沙烏地能配合增產，以緩和油價。但沙烏地好不容易等到疫情稍緩，油價回升的榮景，為什麼要配合美國再增產把油價拉下來？

何況拜登上台後，很長一段時間還沒跟沙烏地實際掌權的王儲MBS通過電話。拜登只跟王儲的父親，老王薩爾曼通過電話。回想二〇二一年十月拜登還在說，中東有很多人都想跟他通電話，但他還沒決定要不要理這些人，其中一個就是MBS。

拜登對MBS不友善，MBS卻握有石油王牌

先前的川普政府和沙烏地的關係非常密切，因此，二〇一八年十月發生沙國異議記者、《華盛頓郵報》專欄作家哈紹吉在土耳其的沙國領事館遇害的事件時，川

普也只是高高舉起，輕輕放下。但拜登上台後則表示要調查清楚，而這個事件會一路向上追到ＭＢＳ。

另外，拜登要解密公布的九一一調查報告，可能會牽扯出蓋達組織與沙烏地王室千絲萬縷的資金往來，這都讓拜登和沙烏地的關係變得緊張；更何況拜登想重啟和伊朗的關係，更可能改變中東的權力平衡。

於是沙國趕緊調整政策，和親美的卡達復交，和伊朗開始接觸，也開始準備結束在葉門的內戰，希望用這些姿態重建與美關係。可是油價上漲，一下讓這個態勢有了改變。

ＭＢＳ深知必須把握榮景，趕緊吸引外資，共推願景二〇三〇的經濟轉型計畫，並且鞏固自己的權力基礎，實在沒有配合美國增產以降低油價的理由。暗黑王儲翻雲覆雨，連美國都必須看他臉色。

#國際資金中東搶油　#沙烏地經濟再現曙光
#石油牽動美沙關係　#重啟願景二〇三〇經濟轉型
#暗黑王儲ＭＢＳ

03 美國抽身，「沙烏地越戰」反現契機 伊拉克當中間人，中東問題自己解

中東的兩大巨頭，沙烏地與伊朗和解。美國撤出中東後，中東不但沒亂，反而激出更多地緣積極性。

美軍撤出伊拉克後，關心中東情勢的人都會發現，中東突然變得不一樣。因為中東兩個死對頭，沙烏地代表的阿拉伯人、回教遜尼派，和波斯人、回教什葉派的伊朗，開始彼此釋出善意，在中國的斡旋下，兩國外長進行七年來首次會晤。

時間回到二〇二一年四月二十七日，沙烏地王儲ＭＢＳ接受電視訪問，表示

願意與伊朗建立良好、積極的關係，並說沙國正跟夥伴一起，努力克服和伊朗之間的歧見。

這到底是怎麼一回事？中東起風了，但風從哪裡來？

MBS深陷「沙烏地的越戰」，祕密外交求解套

早在這次的電視訪問前，英國《金融時報》就率先報導，沙烏地和伊朗在伊拉克首都巴格達祕密談判。消息曝光後，沙國先是否認，伊朗則沒有評論，只說對與利雅德方面的接觸表示歡迎。後來是伊拉克方面證實了有這樣的接觸。

緊接著英國的一些新聞網站愈挖愈多，外界才知道，《金融時報》的報導只是冰山一角，沙烏地陣營與伊朗的接觸早從當年一月就開始。

最初是伊朗與阿拉伯聯合大公國（阿聯）對話，然後沙烏地、約旦、埃及次第加入，類似的會議至少開過五次，都是各國的安全與情報首長參加。直到當年五月份，各國大使也將加入會談。

伊拉克是最好的中間人，因為他們是阿拉伯人，但卻是什葉派。就地理位置來看，伊拉克夾在伊朗與沙烏地中間，伊朗與沙烏地交惡，伊拉克很難不被波及，當

然願意出面擔任調人。

會談的目的主要是解決葉門戰事，因為葉門就像「沙烏地的越戰」，ＭＢＳ揮兵進入葉門，原想剿滅伊朗支持的胡塞武裝部隊，誰知反而讓沙國陷入泥淖之中。所以與伊朗談判勢在必行，因為這是唯一能夠結束葉門戰爭的方式。二〇二〇年，伊朗革命衛隊指揮官蘇雷曼尼在巴格達被美國狙殺，據說就是去伊拉克跟沙烏地談判的。

美國結束中東時代，地緣國家反獲自身主控權

為什麼沙烏地會想到要和伊朗談判？

一般有兩種解釋：一是拜登的中東政策與川普完全不同，拜登不支持葉門戰爭，一心想重回伊核協定，在人權問題上對沙烏地施壓，權力天秤明顯往伊朗方向傾斜。所以沙烏地必須馬上跟上調整政策，沙國結束對卡達的經濟封鎖、釋放一些異議分子，都是向美國示好。主動與伊朗改善關係，也是這樣一個順應美國脈絡下的產物。

另一種解釋是，過去美國對沙烏地等區域安全夥伴，是無條件支持。這些國家

有美國可以依靠，自然不會想到要採取外交行動解決自己的問題。拜登上台後從中東逐漸抽身，不再給區域國家無條件的安全保證，美國撒手，激出了區域國家解決自己問題的積極性。也就是說，中東起風了，不是因為美國做什麼，而是美國停止了做什麼。

區域國家有主控權，自然就更有積極性。沙烏地與伊朗的和解之舉，是區域國家主動發起的和平進程，宣告美國的中東時代已經結束，而中國的適時推一把，也展現在中東取得的話語權。

#美國的中東時代結束　#中東問題區域國家自己解

#沙烏地越戰　#別惹MBS

#暗黑王儲MBS

04 MBS想走自己的路，與中國合拍

俄烏戰爭開打，給了石油人民幣機會

俄烏戰爭打亂的國際能源與金融秩序，卻催化了中東權力板塊的移動。原本俄國在美國撤出中東後積極進入補位，但俄烏戰爭讓俄國元氣大傷，就只能眼睜睜看中國勢力擴張了。

時序來到俄烏戰爭，當俄烏吸引全世界注意力的時候，美國的精神幾乎全擺在對付俄國與重建東歐秩序，一個新的中東政經格局反而悄然成形。

新格局並非從俄烏戰爭才開始胎動，但俄烏戰爭打亂的國際能源與金融秩序，卻催化了中東權力板塊的移動。「美國—沙烏地—中國」的新三邊關係，就在這樣

的脈絡下成為各方關注的焦點。

美沙關係不如往昔，石油的人民幣時代來臨？

二〇二二年三月八日，美國總統拜登簽署禁止美國從俄羅斯進口能源的行政命令，油價飆升至每桶一百三十美元。為了緩和油價對經濟的衝擊，美國希望與沙烏地和阿聯領導通話，說服他們增產石油，結果兩人都拒絕與拜登通話。

隨後，敘利亞總統小阿塞德（前總統阿塞德次子巴夏爾）到阿拉伯聯合大公國訪問。敘利亞與阿聯本屬敵對陣營，故這個訪問得以成行，對兩國都是外交突破。美國曾想勸阿聯王儲ＭＢＺ（Muhammad bin Zayed Al-Nahayan）不要邀訪小阿塞德，但沒有成功。中東這些美國傳統的盟國，愈來愈想走自己的路，也愈來愈不想唯美國馬首是瞻。

國際政治如此，國際經濟亦然。當時《華爾街日報》也曾報導，沙烏地正在和中國談判，為其向中國出售的部分石油以人民幣計價。這個談判已經談了六年，中國購買沙烏地出口的二五％以上石油。如果部分改以人民幣計價，人民幣的國際地位將提升，「石油美元」的地位也將受到「石油元」所侵蝕。這是個巨大的變化。

美元之所以能長保優勢，一個重要原因就是石油以美元計價。一九七四年美國總統尼克森與沙烏地王室達成協議，沙國貨幣綁定美元，石油以美元計價，交換美國對沙國提供安全保障。

但美沙關係似乎漸行漸遠，美國不支持沙國的葉門戰爭、堅持調查沙烏地異議記者哈紹吉遇害事件、批評沙國人權、推動與沙國宿敵伊朗的和解，更解除了持續四十年的原油出口禁令，開始出口頁岩油與沙國石油競爭，還從中東阿富汗抽身，將注意力轉到亞洲。

凡此皆讓沙國警覺到美沙關係已今不如昔。美國從阿富汗撤軍，更讓沙國警惕美國不可恃，沙國必須用自己的方法布自己外交的局。

北京中東外交跨教派，正好與MBS盤算合拍

就在這個關鍵時刻，中國提供了沙國最好的選項。在一帶一路倡議的推動下，中國在二〇一八年幫沙烏地建了麥加到麥地那的高速公路；隔年（二〇一九年）在北京舉行投資合作論壇，簽了三十五份合作協議，金額兩百八十億美元。二〇二一年CNN更報導沙國在中國協助下建造導彈。

中國的中東布局當然不是只在沙烏地。二〇二一年一帶一路倡議主要目標國是伊拉克，二〇二二年一月敘利亞也加入，簽了一帶一路的備忘錄。而中國與伊朗的經貿關係也非常密切。這些國家都是什葉派，與遜尼派的沙烏地分屬不同陣營。北京在中東的外交是跨教派的，是橋梁也是槓桿，沙國借力中國自然也有了自己的空間。

二〇二三年春天，沙國國家石油公司在中國的合資企業華錦阿美，正式參與中國東北的一個大型綜合煉油廠和石化設施開發計畫，在遼寧舉辦開工儀式，決定於二〇二四年投入運營。中國成為中東棋局的重要玩家，看來勢不可擋。

#俄烏戰爭牽制美俄　#中國成中東最大贏家
#石油美元　#石油元　#兩元相爭
#暗黑王儲 MBS

05 沙烏地外交再一次華麗復出 MBS把石油魅力成功轉化為個人魅力

被喻為掌控沙烏地石油霸權、撼動世界經濟的暗黑王儲MBS，再次展現傲人的「石油」魅力。土耳其要救經濟、美國的中東關係要修復，都得設法讓他笑得開心。

自二〇一八年沙烏地記者哈紹吉案爆發後，沙烏地王儲 MBS 在外交上一直受到孤立。但俄烏戰爭爆發後，油價大漲，歐美希望沙國能領銜增產，外交孤立的態勢一下被打破。

看看二〇二二年夏天，MBS 到土耳其訪問。照片中土耳其總統艾爾多安握手時笑得有點尷尬，ＭＢＳ則是笑容滿面。對沙烏地，對土耳其，這一笑都代表著外交政策的翻轉。

土耳其救經濟，MBS獲外交排場

中東情勢的翻轉有好幾條軸線，第一條是土耳其外交。

土耳其向與沙國不睦，二〇一七年沙烏地、阿聯與埃及等國聯合與卡達斷交時，土耳其力挺卡達。隔年，沙國異議記者哈紹吉在沙國駐土耳其領事館遇害，艾爾多安因握有多項竊聽證據，放言謀殺案責任可以上追到沙烏地最高當局，讓沙土關係一路滑落谷底。

可是土耳其經濟一路下滑，急須引進沙國投資，艾爾多安的態度有了一百八十度的改變，開始與沙國和其盟邦修補關係。二〇二一年春天，土國更宣布將哈紹吉案的後續審理交給沙國，艾爾多安甚至親訪沙國修補關係，這才有隨後的ＭＢＳ回訪。

本來土耳其想默默修補關係，可是沙國表示要修補關係可以，但得公開盛大歡迎才有誠意。ＭＢＳ要求公開歡迎儀式，是要讓沙國在外交舞台華麗復出，這也才有了艾爾多安笑得尷尬，ＭＢＳ笑容可掬的照片。

除了ＭＢＳ出訪，歐美國家也先後訪問沙烏地，還包括二〇二一年十二月率先訪沙的法國總統馬克宏，二〇二二年三月的英國首相強生；才過一個月，連美國總統拜登都在四月訪問沙國。

美伊關係擱淺，ＭＢＳ笑開懷

美國的中東政策也是充滿戲劇性。川普的中東政策，是以沙烏地為支點，幾乎全押在川普女婿庫什納與ＭＢＳ的關係之上。所以對哈紹吉案，也是高高舉起，輕輕放下，怕萬一牽連到ＭＢＳ，讓他無法順利接班，將打亂美國中東的一盤棋。到了拜登政府，因為注重人權，主張對哈紹吉案繼續追查，所以美沙關係在拜登就任之初一直呈現低迷。

拜登延續歐巴馬的政策，把外交重心轉向伊朗，一心想重回伊核協議。沙烏地因此由俄國轉向與中國靠攏。

可是川普臨去之前，在美伊關係中留了伏筆，讓拜登無法輕易翻轉美伊關係，那就是將伊朗的革命衛隊軍團列入恐怖分子黑名單。革命衛隊是伊朗的菁英部隊，負責伊朗與境外什葉派民兵與政黨的聯繫與操盤。因此伊朗要求，美國若要重返伊核協議，必須把革命衛隊軍團從恐怖分子名單中剔除。

美國認為伊核協議就是談核武問題，不宜擴大議題，加上民主黨內反對聲浪大，因此未予答應。這樣一來，重回伊核協議的談判就卡住了。伊朗於是趁此空檔加速濃縮鈾的提煉，堂而皇之掙脫原伊核協議的束縛，甚至拆掉了聯合國武檢人員裝在伊朗核設施的攝像頭，重回伊核協議的談判幾乎可以宣告破局。

重建美伊關係擱淺，美國的中東政策從權力天秤的伊朗這一端，又擺回沙烏地這一端，這又是個大翻轉。哈紹吉案也在沙國與哈紹吉家人和解後不再提起。民主黨內主張人權的人對此大加撻伐，但沙烏地也以同意石油增產，以及和以色列改善關係，做球給拜登，讓他有訪問沙國以及和沙國改善關係的台階下。

土耳其、美國對沙政策都有了一百八十度轉變，中東局勢又一轉折，ＭＢＳ笑得開懷。

＃土耳其被迫公開示好　＃ＭＢＳ的笑容背後
＃美伊關係生變　＃暗黑王儲ＭＢＳ

第四章

以色列走到轉捩點

以色列，是個很厲害的國家，處在阿拉伯勢力四面環繞的威脅下，她居然能夠屹立不搖，在軍事與科技上睥睨群雄，讓她成為小國外交的典範。美國的支持固然是以色列生存的關鍵，但她是中東唯一的民主國家，也為她在國際上贏得了一定的聲望。

可是，以色列卻有兩件事一直搞不好：一是以色列與巴勒斯坦的關係，一是這幾年來以色列的內政。

幾十年來，多少美國總統都想調解以巴關係，但這麼多聰明的腦袋齊聚一堂，就是沒辦法為以巴衝突找到出路。不是沒有好方案，而是以巴雙方都沒有解決問題的動力。每當看到以巴衝突好像要峰迴路轉、柳暗花明的時候，總有一些勢力冒出來，要破壞和平的進程，這是最令人扼腕的。

以色列政局這幾年也呈現高度不安，一直沒有穩定的多數政府出現，所以不斷舉行大選，不斷出現多黨聯合政府，然後政府不斷垮台。以色列人自己對這樣的情況也很無奈，倒是有一個政治人物像不倒翁一樣屹立不搖，那就是總理納坦雅胡。

納坦雅胡的執政並非沒有爭議，他自己也有貪腐官司纏身，但他總能閃過官司，選贏對手，甚至三度拜相。以色列人說，他是「政治魔術師」，但這個魔術師真能在舞台上一直演下去嗎？

以色列如果政治動盪不安，就會讓宗教的基本教義派，或極端民族主義的政黨有機可乘。如果以色列的政策為這些政黨所左右，勢必會反映在對巴勒斯坦的政策上。以色列對巴勒斯坦的態度轉趨強硬，又會影響以色列與周邊阿拉伯國家的關係，若是因此爆發衝突，一心想把外交重點由中東轉向印太的美國，最終可能還是會被迫陷在中東。內政與外交，甚至中東的區域情勢，可說是環環相扣。

從這點來看，要說以色列已經成為中東一個不穩定的因素，恐怕並不為過。

01 以色列有史以來最右派政府
納坦雅胡三度拜相，以國現表裡不一政局

以色列首相納坦雅胡曾丟了政權十八個月，當他看著取代他的新政府宣誓就職時，還冷笑說他將看著新政府垮台。沒想到，納坦雅胡還真能精準掌握微妙的政治氛圍，在極右派聯盟支持下，果然再次登上衛冕者寶座。

以色列政壇老將納坦雅胡，堪稱政壇不死鳥，曾在一九九六至九九年，二〇〇九至二一年間兩度拜相，二〇二二年十二月第三度拜相。若以任期計，他已經擔任六個任期。

雖然弊案纏身，但納坦雅胡仍屹立不搖，下台十八個月還能重新掌權，政治判斷的敏銳度與政治韌性，以色列無人能出其右。而納坦雅胡這次組成的六黨聯合政府，是自二〇一九年以來意識型態同質性最高的政府，也是以色列有史以來最右派的政府。

新閣成員集極右派、種族主義者

近二十年來，以色列的政治不斷右傾，巴勒斯坦的動亂讓猶太人愈來愈沒安全感；政府對阿拉伯裔以色列人的包容，也讓猶太人愈來愈擔心以色列會喪失猶太的屬性。納坦雅胡就是抓住這個政治氛圍，對前總理拉皮德聯合內閣中有阿拉伯裔政黨參與一事大加攻擊，終讓右派聯盟得以勝出。

日漸右傾的政治底蘊是以色列政局的「裡」，這個氛圍也反映於世代衝突的「表」。

納坦雅胡任命極右派兩個政黨的領導人出任國安部長與國防部長，由於兩人都是極端主義與種族主義者，一些高階將領因此憂心，怕新領導會冒進而引起戰爭。但很多年輕士兵卻因為本身就是極右派支持者，反倒對這項任命公開表示支持，弄得參謀總長罕見通告全軍，重申軍隊中立，不得對任何政治立場發表意見。一些人擔心，軍官和士兵在政治上潛在的代間緊張，終會傷到以軍的團結。

納坦雅胡政府就職後，行政與司法部門的衝突也更白熱化。執政聯盟中有人放話要推動某些政治行為的除罪化，並將改革司法，削弱檢察總長的權力。還有放話說要限制最高法院的權力，以免政府政策動不動就被最高法院以違憲打了回票。

以色列三權分立危機，各國應為殷鑑

由於納坦雅胡自己有貪腐官司纏身，論者謂所謂司法改革，全是為納坦雅胡解套量身訂做的權謀。檢察總長更公開表示，聯合政府是想讓以色列空有民主之名，而無民主之實。這是以色列政爭的另一個「表」，爭論背後的「裡」，涉及三權分立的理想與制度。

納坦雅胡說，他會約束聯盟內其他政黨成員的行為，在推動司法改革時也會格外謹慎。

但納坦雅胡又話鋒一轉，表示最高法院是非民選的機構，怎可動輒推翻民選政府所做的決策？三權分立因司法權獨大而被破壞殆盡，所以他要改革司法，不是要摧毀民主，而是要匡正民主。類似這樣的行政與司法的角力，很多國家都曾出現。因此都可藉以色列政爭為鑑，反思三權分立理論與實踐間的差距。

至於納坦雅胡說會約束好聯盟的其他政黨，這點則必須有點存疑。

納坦雅胡自己的利庫德黨是世俗的政黨沒錯，但其他五個聯盟都是宗教性的政黨，其中不乏宗教極端主義者，五黨中的兩個更是納坦雅胡依賴的「造王者」。納坦雅胡能約束得了他們嗎？聯合政府中，有的要求取消阿拉伯裔以色列人的公民權，有的主張種族隔離，有的主張在占領區擴建以色列的屯墾區，這都是隨時會爆發衝突的引爆點。

果然，二〇二三年七月二十四日，納坦雅胡硬是再反對黨議員提體退席的情況下，於國會強行通過了司法改革法案。行政權的擴張，導致整個社會炸鍋，以色列政局也因此出現變數。

#納坦雅胡三度拜相　#最右派的六黨聯合政府
#以民主之名行司法改革　#以色列政局的表裡不一

02 七個家庭的土地糾紛掀以巴戰火
產權問題恐成巴勒斯坦人種族清洗長期隱憂

平息了七年的以巴戰事，竟然因為東耶路撒冷幾個巴勒斯坦家庭的土地產權問題，戰火再起。只是這次被驅離的巴國家庭事件並不單純，各方都有更多深層的意義與盤算，巴勒斯坦人恐遭種族清洗的隱憂與疑慮，也再度躍上檯面。

巴勒斯坦的哈瑪斯組織與以色列部隊激烈交鋒。空襲警報、爆炸聲中，烈焰照亮了夜空，一棟棟大樓頹然崩塌。街上有逃警報的，有朝以色列安全部隊丟石塊的，也有兩派聚眾鬥毆的。

七年相安無事，為何又在二〇二一年五月六日陷入以巴衝突？事實上，引爆以巴這次戰火的導火線，是以色列右派組織與七個巴勒斯坦家庭的土地產權糾紛。

土地易手，法律議題變政治議題

這塊位於東耶路撒冷的土地，從一八七六年奧圖曼土耳其時代巴勒斯坦地主賣給猶太人之後，經過幾次戰爭，產權幾經易手，如今究竟誰屬，早已不是單純的法律問題，而是複雜的政治問題了。但以國當局把它當成法律問題處理，要求這些家庭搬遷，巴勒斯坦人群起聲援，引爆了整個衝突。

巴勒斯坦年輕人在阿克薩清真寺中屯放大批石塊，朝以色列安全部隊攻擊。安全部隊衝進清真寺，偏偏又逢回教齋戒月重要祭典，開始流血衝突，數百人被捕。位於加薩走廊的哈瑪斯組織出面聲援，要求以色列放人，否則將對以色列開火。以軍不受威脅，對加薩發動空襲，戰火於是如螺旋般升高。

其實七個家庭的土地產權問題只是冰山一角，後面還有更深層的問題。因為這七個家庭一旦被迫搬遷成為判例，類似狀況的兩百多筆土地及兩萬多人都得要搬遷。

外界解讀這是另一種猶太人對巴勒斯坦人的種族清洗，只要東耶路撒冷人口結構改變，以色列更可以名正言順宣稱耶路撒冷本就是猶太人的，無所謂東西之分。將來巴勒斯坦真的建國，將更不可能以東耶路撒冷為首都。

哈瑪斯組織出頭，強打家園悲情牌

哈瑪斯組織在這時出頭，也有政治目的。因為巴勒斯坦自治政府現在當政的，是約旦河西岸法塔組織的阿巴斯。阿巴斯才因新冠疫情宣布大選延期，對手哈瑪斯組織正好利用這個事件爭取在巴勒斯坦內部的支持。

阿拉伯世界其實不是那麼喜歡哈瑪斯組織，也不願自己的外交政策老被巴勒斯坦建國問題綁架，這才有二〇二〇年幾個阿拉伯國家被美國總統川普說動，願意跟以色列建交的事發生。

但是這次不一樣，因為哈瑪斯組織打出的旗號是保護聖城東耶路撒冷、保護阿克薩清真寺，這讓其他阿拉伯國家就算不行動也很難不聲援。巴勒斯坦人訴諸的是被逐出家園悲情，這也撥動了很多阿拉伯人的心弦。

以色列總理心裡的盤算

以色列這邊也有多重考量。以色列經過四次大選還選不出一個多數政府，當時的總理納坦雅胡本身還有貪腐案在身，今若升高外部衝突，自可藉此鞏固對自己的支持。反對陣營當然知其心機，表示以巴戰火升高，正證明納坦雅胡政策錯誤，更該把他換掉。

倒是阿拉伯裔以色列人的處境尷尬。以色列人口有兩成是阿拉伯裔和基督徒，在以色列政局陷入膠著時，阿裔政黨本有機會加入其中一方建立聯合政府，但以巴戰火升高，猶太人與阿裔在街頭鬥毆，這些阿裔政黨反倒很難加入猶太人的聯合政府了。

納坦雅胡還有一個心思，那就是以巴戰火升高，將可拖慢美國與伊朗談判的進程，這正是以色列想要的。美國、埃及、阿聯於是趕緊出來調停，希望早日建立「可持續的平靜」。面臨愈來愈多的國際批評，以色列終於在當地時間五月二十日晚間，由總理辦公室發表聲明，宣布同意接受由埃及斡旋的與哈瑪斯的停火協議，才告一段落。

#不只是土地產權糾紛　#耶路撒冷的歸屬
#以色列總理的盤算　#巴勒斯坦家園之痛

03 以色列與阿聯建交歷史性一刻

川普亮麗中東成績單，巴勒斯坦更孤立

巴勒斯坦問題卡在中間，讓以色列在中東，向來沒有阿拉伯國家朋友。沒想到川普的中東政策，促成阿聯宣布和以色列關係正常化，只是這也讓巴勒斯坦在國際上愈來愈孤立。

即使美國前總統川普已經下台，但是國際聲量依舊不減，遭控三十七項聯邦罪名，更是鬧得沸沸揚揚。但川普的中東政策，卻是繳出了一點成績。

二〇二〇年八月十三日，美國、以色列與阿拉伯聯合大公國共同宣布，以色列將與阿聯關係正常化，同時暫緩兼併約旦河西岸占領區。

對以色列而言，這是個重大的外交勝利。因為在這之前，中東除了埃及與約旦，沒有其他阿拉伯國家與之建交。畢竟巴勒斯坦問題卡在中間，阿拉伯國家為表示與巴勒斯坦同一陣線，在巴勒斯坦問題未解決前，不可能與以色列關係正常化。

以色列總理納坦雅胡能繞過巴勒斯坦與阿聯建交，阿聯國家雖然不大，但足以成為繞過巴勒斯坦的外交先例。以後循此模式，與以色列建交的阿拉伯國家將更沒心理障礙，巴勒斯坦也將愈來愈孤立。

川普的權謀，「兼併」戰術奏效

以色列為什麼可以有這樣的外交成功？用兼併約旦河西岸為籌碼，自然是一個戰術。

兼併西岸是以色列右派的夢，所以納坦雅胡只敢說暫緩兼併，而不敢說放棄兼併，深怕得罪了保守派。但他心中也明白，真要兼併了西岸，等於打開中東潘朵拉的盒子，以後將永無寧日，所以也不敢真的兼併。此刻與阿聯達成協議，正好找到台階下。

阿聯方面，因為對抗伊朗的網路戰爭需要以色列，對抗新冠疫情也需要以色列，所以也以西岸問題為由，表示與以色列建交，是為阿拉伯世界拆除西岸占領區炸彈的引線，為的還是中東和平。

以色列為什麼可以用兼併占領區為籌碼？因為川普的中東政策藍圖中，是同意以色列兼併西岸占領區的。也就是川普先同意以色列兼併西岸占領區，再調停以色列要她同意暫緩兼併，然後以此為籌碼換到阿聯同意建交。這是川普最得意的外交權謀。

以國外交轉個彎，大打TTP牌

以色列的外交突破僅靠權謀一途嗎？當然不是。

中東的局勢在變，新一代的想法與上一代已迥然不同。年輕一輩似乎並不那麼關心巴勒斯坦是否復國的老問題。

川普承認以色列首都是耶路撒冷，承認被以色列占領的敘利亞領土戈蘭高地是以色列的，同意以色列兼併西岸占領區，這在以前都是政治禁忌，被川普以承認事實為理由一一顛覆，但卻沒有在中東掀起軒然大波。這後面所透露出來中東的改變還不清楚嗎？

如此以色列找到她的外交利基。她在外交打出「TTP」（恐怖主義、科技創新、經濟和平），聯合阿拉伯人共同對付波斯人，讓她和許多阿拉伯國家都建立了長期的關係。反倒是巴勒斯坦被描述成僵化沒有彈性的和平障礙，這當是他們始料未及的。

過去巴勒斯坦的外交，是強調以色列與阿拉伯國家要有真的和平，不能繞過巴勒斯坦。現在繞過了。當初兩德沒統一前，西德也強調西方要與蘇聯集團建立關係，不能繞過兩德問題，結果也被繞過了，這才逼得西德趕緊改變政策，開始與東德和解。

沙烏地這個大哥這次讓阿聯走在她前面，當然是想先看國際社會的反應，然後再決定要不要跟上。當美國、以色列和沙烏地三國的關係愈來愈緊密，伊朗也會與俄國及土耳其愈走愈近，這兩個三角關係著中東的局勢變動甚鉅。

#以色列外交勝利　#巴勒斯坦打錯算盤
#美以沙vs伊土俄　#是TTP不是PTT

04 以色列與蘇丹世紀解凍

蘇丹要向美示好，以色列則重返非洲

蘇丹曾被視為「世界上最不安定的國家」，但在川普的中東外交策略下，終於自「支恐國家」的黑名單中移除，並與以色列簽了和平協議。

二〇二〇年十月二十三日，在美國的調停下，以色列與蘇丹簽了和平協議，決定雙方關係正常化。這是繼阿拉伯聯合大公國與巴林和以色列建交以後，川普中東外交攻下的第三城。

過去許多依賴中東石油的美國盟友擔心，頁岩油的開採技術突破後，世界能源地圖重畫，美國對中東的依賴日減，但川普對中東的外交興趣依然十分濃烈。

川普做出成績，蘇丹終於改心意

以色列和蘇丹建交的意義有三：

第一是一九六七年阿拉伯聯盟在峰會上，八個阿拉伯國家定下對以色列「不和平，不承認，不談判」的三不政策時，峰會地點就是蘇丹首都喀土木。而蘇丹放棄「三不」轉而與以色列建交，自有重大的象徵意義。

第二是蘇丹的地理位置，將有助於穩住東非的難民潮，並阻擋利比亞回教基本教義派勢力擴散。

第三是中東的權力板塊，逐漸從向伊朗傾斜，轉向對以色列有利。將來如果拜登當選，美國重回伊核協定，逐步對伊朗解除制裁，伊朗開始復甦，以色列這邊也先做好了準備。

為什麼蘇丹會在這個時候改變政策，願意承認以色列？

一個當然是內政的原因。蘇丹二〇一九年發生政變，總統巴什爾因獨裁與貪腐遭到推翻。巴什爾是土耳其與卡達的盟友，而土耳其與卡達皆與伊朗相善。推翻後新的軍事強人則是沙烏地與阿聯的盟友，等於一下換了邊，政策也因此有了一百八十度轉變。

川普中東外交的特色，是對政治氣候的轉變抓得特別準，但是阿聯的外交敏感度也不遑多讓。當意識到北非外交氛圍開始轉變時，阿聯立刻主動出面調停，讓美國和蘇丹可以在阿布達比談經濟援助的問題。

這裡也可以看到阿聯小國外交的特色，她可以找到時機與槓桿，發揮跟她實力不成比例的影響力。美國的經濟援助因此成為蘇丹改變政策的另一重要原因。

蘇丹從支持恐怖主義名單除名

美國從一九九三年就以蘇丹包庇真主黨、蓋達組織（包括賓拉登），並涉入一九九八年肯亞、坦尚尼亞美國大使館恐攻，以及二〇〇〇年美國軍艦柯爾號在葉門被攻擊等事件，將蘇丹列入支恐國家的黑名單。

列入黑名單後，美國在國際貨幣基金組織與世界銀行都否決了對蘇丹的金援，美國企業也無法與蘇丹做生意，原本為天災重創的蘇丹經濟，更因此雪上加霜。

美國這次就以將蘇丹從支恐名單中移除為誘因，要求蘇丹對恐攻罹難者家屬予以賠償（後來蘇丹同意賠償三億三千五百萬美元），並與以色列關係正常化。蘇丹是政變之後的過渡政府，由軍人與文人共治，文人政黨領袖原本反對在對以色列政策上做出重大改變後，發現背後有這麼大的經濟誘因，因此也轉而同意。

二〇二〇年十二月十四日，美國國會做出決定，宣告取消認定蘇丹為恐怖主義資助國，自黑名單中排除。

只是外交情況的轉彎，並未帶來蘇丹的寧靜，二〇二三年四月蘇丹境內再爆武力衝突，政府軍與武裝團體於首都激烈交火，戰火隆隆的這場內戰，據統計已有近一百四十萬人流離失所，就連美國也趕緊撤僑，遠離戰地。

#蘇丹亟須金援　#川普在中東是有成績的
#支恐國家黑名單　#阿聯展現小國外交手腕

第五章

中西亞匯聚多方角力

「中亞五國」是前蘇聯的加盟共和國，蘇聯瓦解後，五國都想走自己的路，這讓中亞地區一下又成為列強博弈的大棋盤。

作為原蘇聯的成員，中亞與俄國的經貿關係自然很密切；但是中亞國家多是突厥語系，跟土耳其也有深厚的歷史淵源，而中國從西漢「張騫通西域」開始，跟中亞國家的關係更是千絲萬縷。

當初張騫到西域聯繫的大月氏，就是今天的阿富汗；玄奘法師到天竺的時候，也是從巴基斯坦和阿富汗北部經過。所以，阿富汗是回教與佛教相遇的十字路口。此外，成吉思汗西征打的花剌子模，很大一部分就是今天的烏茲別克，成吉思汗大軍中的書記官，多是波斯人。

可見中亞這塊地方，自古就很熱鬧，更不用說「絲綢之路」從中亞穿過了。二〇一三年習近平提出一帶一路倡議，其中陸上的「絲綢之路經濟帶」就是在哈薩克宣布的。

中亞和南亞、中東，其實是連在一起的，阿富汗就是典型。阿富汗的動亂，會向北外溢到塔吉克等中亞國家，但阿富汗東邊支持塔利班的巴基斯坦，一般又把她歸為南亞。所以阿富汗是處在中亞、南亞到中東的樞紐位置。偏偏她的地形又很難攻克，從波斯帝國開始，只要想征服阿富汗的，無不鎩羽而歸。所以她才會有帝國墳場稱號。

除地理位置重要之外，中亞又有裏海的石油，盛產石油更讓她成為列強競相爭取的目標。十九世紀末到二十世紀初，大英帝國和俄羅斯帝國曾為了爭奪勢力範圍，在中亞展開一場大博弈，然後劃分了中亞的勢力範圍。

九一一恐怖攻擊事件過後，美國打了二十年的阿富汗戰爭，勢力也大舉進入中亞。另外，印度也急著想進入中亞與西亞，理由是當初印度蒙兀兒王朝就是烏茲別克王子南下建立的，印度與中亞早有淵源。甚至日本，都想和中亞國家加強關係，以圍堵中國與俄國勢力的擴張。

那些脫離蘇聯的中亞國家，一下眼前一亮，有了很多外交選擇。他們在對外關係上會如何擺動？如何爭取自己的最大利益？也成為我們關注的焦點。

01 中東首次舉辦世足賽

卡達場內開踢一團亂，場外伊朗發展核燃料

世界盃足球賽向來是全世界球迷關注的焦點，各國齊聚一堂，在球場上比個高低。只是二〇二二去年的卡達世足賽，各國表面上球場較勁，檯面下伊朗悄悄發展武器級核燃料，中東棋盤添變數。

世界盃足球賽（以下簡稱世足賽）歷史長達九十多年，直到二〇二二年才第一次在中東舉行，也讓卡達世足賽吸引全球目光。

卡達作為波斯灣小國，用財富與賽事為槓桿，把她的形象放大到極致，推到國

際舞台中央，沙烏地與伊朗，突尼西亞與摩洛哥，這些原本敵對的國家，都暫時放下恩怨，一起到了卡達。

伊朗提煉濃縮鈾，數週內可發展武器級燃料

美國和伊朗尤其是眾所矚目的焦點。吃瓜的看這兩個國家比賽的時候球會怎麼踢，看門道的則可以從中嗅出美伊關係的緊繃。

美國總統拜登上任之初，想翻轉川普中東政策的設計，將重心由沙烏地轉回歐巴馬時代的伊朗，重返二〇一八年遭川普退出的伊核協議。

沒想到談判進展非常不順，美國和伊朗內部都有不小反對聲浪，為平息國內反對意見，雙方不斷往談判桌上加條件，導致談判完全停擺。所以白宮官員討論的，已經不是下一步怎麼談，而是下一步怎麼嚇阻伊朗發展核武。

在無條約約束伊朗核武計畫的情況下，伊朗突然又宣布要在自身佛爾多基地提煉濃度六〇%的濃縮鈾。美國情報估計，伊朗可以在數週內提煉出武器級的核燃料，這讓美國與以色列大為緊張。好在從提煉出核燃料到能裝上飛彈，還需要兩年，國際社會還有一些因應的時間。可是又有兩個事件讓局勢變得複雜。

世足群眾全武行，體現伊朗民意不同調

一是伊朗國內的反政府示威。伊朗因庫德族少女阿米妮疑被宗教警察虐死事件引爆的示威抗議，蔓延了一百五十個城市，涵蓋全境三十一個省，超過三百人死亡，一萬四千人被捕。而拜登在聯合國大會演講時，表態聲援示威行動，同時因為德黑蘭當局對示威地區斷網管控，拜登也特別允許美國企業用衛星與網路上幫示威群眾重建聯繫。

二是這場示威也蔓延到國外。世足賽開幕時，伊朗球隊以不唱國歌來聲援國內的抗議行動。但觀眾中也有支持政府的群眾，與反政府的支持者大打出手。開幕之後球隊還是在壓力下開口唱了國歌。示威行動讓美國找不到和伊朗改善關係的台階，俄烏的軍事關係又讓美國更不可能在對伊政策上軟化。

伊朗提供無人機給俄國打俄烏戰爭，讓美國加大了對伊朗的制裁。美國也擔心，俄烏兩國從無人機的合作，會不會擴大到飛彈的合作，果真如此，局勢將更為複雜。

美國學者指出，伊朗情勢陷在兩個惡性循環之中：一是國內。伊朗政府對示威

群眾愈鎮壓，只會激起愈多示威；愈多示威又帶來愈嚴厲的鎮壓。另一是國際：伊朗愈被孤立，就和俄國抱團抱得愈緊，和俄國抱得愈緊，就愈被孤立。

偏偏這時候以色列納坦雅胡又出來組閣，新政府比過去更右，而且和民主黨政府不睦。巴勒斯坦也內鬨不斷，自治政府主席阿巴斯將近九十歲，想拔擢以巴聯絡官艾爾謝克為繼承人，但卻遭內部鷹派以太過親以色列而反對。拜登政府在以巴問題上較為親巴，但巴勒斯坦內鬨，讓美國一下又失去了外交的著力點，中東政策的一盤棋已經大亂。

#伊朗反政府示威鬧到世足賽　#美伊關係緊張
#伊朗內憂外患　#濃縮鈾

02 伊朗加入上合組織朋友圈

中俄反西方聯盟，從中亞到中東連成一氣

上合組織成立之初只是一個成員國之間相互溝通和交流的平台，後來愈來愈多國家申請加入這個「上合大家庭」，隨著國際地緣政治的發展，中國和俄羅斯逐步利用這個組織抗衡西方的影響力。

上海合作組織（簡稱上合組織）成立於二〇〇一年，主要參與成員為中亞國家，每年也會舉行一次成員國的國家元首會晤，隨著時間推演，組織成員也漸增加。二〇二二年九月十六日，上海合作組織第二十二屆國家元首理事會議在烏茲別克撒馬爾罕舉行。

中國國家主席習近平在二〇二二年九月十四至十六日，先對哈薩克、烏茲別克進行國是訪問，出席了在烏茲別克撒馬爾罕舉行的上海合作組織峰會，也在會期時與俄羅斯總統普丁舉行了雙邊會談。

中亞三個國際組織，中俄土各主導一個

會談前，由於俄羅斯在烏克蘭戰場上頻頻失利，因此俄國是否會在峰會上尋求中國援助，以及宣稱與俄關係「上不封頂」的中國會如何回應，也成為大家關注的焦點。

結果普丁並沒有開口求助，反倒先表示在台海問題上支持中國，譴責美國，並承認他了解中國對俄烏戰事的疑問與關切，也高度讚賞中國在烏克蘭危機上的平衡立場。

此舉避免了北京在俄烏戰爭上被迫進一步表態的尷尬，也讓北京欠莫斯科一份人情。不過觀察中俄這次在上合峰會的互動，還必須把它放到中亞場景裡觀察，方能看到其中的脈絡。

中亞是聯繫中國與中東的橋梁，但無論北邊的烏克蘭戰事，或南邊的阿富汗動

亂，任何一邊失控都可能外溢到中亞，引起區域不安。偏偏中亞又是重要能源通道，中國的絲綢之路經濟帶也從中亞經過。中亞又和新疆相連，新疆是治是亂，都與中亞情勢密切相關，凡此皆使北京對中亞外交給予高度重視。

中亞也有三個國際組織：除了上海合作組織之外，還有俄國主導的集安組織，以及土耳其發起的突厥國家組織。三個組織的成員很多重疊，中俄土三國也在此微妙較勁。

上合峰會，西方勢力未直接參與

中亞國家雖是前蘇聯加盟共和國，但是俄國打喬治亞、併克里米亞之後，中亞國家開始對俄國產生戒心，最典型的就是過去被認為與俄國關係密切的哈薩克。

哈薩克沒有發表任何支持俄國發動戰爭的言論，沒有承認東烏的頓巴斯，也沒經援俄國助其挺過西方經濟制裁。可是哈薩克在經濟上仍高度依賴俄羅斯，所以只能在較不敏感的地方爭取外交獨立。

哈薩克總統托卡葉夫在俄烏戰爭爆發後訪土耳其，將與土耳其的關係提升到戰略夥伴關係。雖說兩國都是突厥裔，但一個集安組織成員和一個北約組織成員建立戰略夥伴關係，還是分享情報，總有點難以想像。為了另外找運輸石油管線，哈薩克也加強與亞塞拜然的關係。

在高加索戰爭中，亞塞拜然打敗亞美尼亞。亞美尼亞是哈薩克在集安組織的盟國，哈薩克卻去道賀亞塞拜然收復失土，這些弔詭都可看出哈薩克決心要走自己的路。在中亞這樣的氛圍下，習近平也不可能公開宣布在俄烏戰爭中力挺俄羅斯。

這次伊朗於二〇二三年七月加入，成為上合組織第九個成員國，整個組織有往中東擴大的趨勢。關切的議題，也從過去反恐怖主義、極端主義、分裂主義，擴大到維護國際糧食安全、國際能源安全、應對氣候變化、維護供應鏈安全穩定多元化等新的面向。所以上合組織也在轉型。

但細看這些國家，其中又不乏矛盾。印度與巴基斯坦，伊朗與沙烏地，都有矛盾。而成員國多了，中國或任何國家都無法完全掌控，但可以確定一個新的秩序正在胎動，還有這是一個沒有西方勢力直接參與的組織。

#中亞樞紐卡位戰　#中俄與北約抗衡
#伊朗正式加入上合組織　#成員國關係互有矛盾

03 二十年來伊朗總統首度訪中 遭美制裁後出招，緊抓中國救命稻草

遭美國制裁的伊朗，明白中國是重要貿易夥伴，所以伊朗總統萊希親自赴中追討四千億美元的戰略夥伴計畫，也藉此打破外交孤立情勢。只是中國不一定買單，仍會將利益擺中間，萊希恐怕將無法如願。

伊朗被美國嚴厲制裁後，中國是唯一從伊朗進口石油的國家，是彼此的重要貿易夥伴。因此，伊朗總統萊希在二〇二三年二月到中國大陸訪問三天，並與習近平會談，加上這是二十年來首位伊朗總統到中國進行國是訪問，意義自然非比尋常。

從中東的權力政治來看，習近平邀請萊希訪問中國，自是北京在中東一貫的平衡戰略。

因為二〇二二年十二月，習近平才大陣仗訪問沙烏地，讓沙烏地的宿敵伊朗很不是滋味。尤其跟海灣國家開會時，習近平表示支持阿聯根據國際法與伊朗進行談判，和平解決波灣三個島嶼的主權爭議，更讓伊朗極度不滿。

因為自一九七一年以來，波灣的三個島：大通布島、小通布島和阿布穆薩島就一直為伊朗管轄，伊朗不承認有任何爭議。所以，習近平離開沙烏地後，中國派了國務院副總理胡春華訪伊朗「滅火」以示平衡，這當然不夠，所以又有了這次邀請萊希訪華的安排。

伊朗急求中國兌現四千億美元支票

其實中國大陸在伊朗也下了很多工夫。二〇二一年兩國簽了長約，中國承諾二十五年內在伊朗投資四千億美元，更為人所津津樂道。因為中國大陸與阿拉伯國家簽的約，效期也就三、五年而已。可是二十五年的長約並沒有按照計畫實現，這才是令伊朗不滿的。

所以萊希在出訪前公開表示，伊朗和中國的經貿關係遠不如預期。他這次帶了包括六個內閣部長、央行總裁，以及伊核談判首席代表在內的龐大代表團訪中，為的就是要去落實這個二十五年期的戰略夥伴計畫。

伊朗對中國是有需求的，尤其伊朗在內部抗爭動亂不斷的情況下，更需要藉此提升伊中關係，打破外交孤立。

英國學者卻指出，儘管萊希此行跟中國簽了總值三十五億美元的二十個合作協議，加強兩國在經貿、能源和安全領域的全方位合作。但要真正落實這些協議並不容易。

第一，主要因為伊朗此時還在國際制裁之下，許多中國企業因為擔心遭到美國的二級制裁，在與伊朗互動時便格外謹慎。尤其華為財務長孟晚舟被指控，透過子公司與伊朗交易，違反美國制裁伊朗的禁令，而遭到逮捕。繼此「孟晚舟事件」後，大家又更加小心。

第二，中國投資者常被伊朗複雜的法律規範嚇退。

第三，在杜拜、多哈等其他地方，為投資者提供了比德黑蘭更具吸引力的投資環境。

俄中伊三國集團，地緣政治新隱憂

視角拉高從國際政治的大棋盤來看，伊朗和俄國愈走愈近，中俄兩國也因為俄烏戰爭的關係愈走愈近，所以俄國、伊朗、中國被西方視為是三國集團，是必須加以遏制的地緣政治威脅。

看看北京未必希望和俄國與伊朗綁得那麼緊，尤其大陸外交的基調轉向溫和，也極力修補對歐關係，和俄、伊兩國綁得太緊，未必符合中國的利益。所以中國與伊朗關係就變得很微妙。

美國前助理國防部長克羅普斯就表示，只要中國能與阿拉伯國家搞好關係，能透過外交與經濟手段確保中東的利益，以及石油運輸的安全，伊朗對中國的價值也就沒那麼高了。

這種說法可能過於簡單，因為當習近平對萊希說出「相互支持，團結協作」的時候，又顯示中國還是需要和伊朗站在一起對抗國際壓力。所以中國在中東的布局還是全方位的，努力在沙烏地和伊朗兩邊維持平衡，其間的親疏與比重或因時間而不同，但平衡還是最符合中國的利益。

#追討四千億美元投資有望　#中國打中東平衡戰略
#中俄伊變同盟　#國際政治版空頭支票

04 哈薩克三十年來最大抗議
意外失控的內亂，中俄土爭相示好

哈薩克論面積是世界第九大國，是最大陸鎖國，因經濟表現強勁，是中亞最富有的國家，在外交上更是左右逢源。尤其二〇二二年一月的大型抗議，更展露她的外交好人緣。

哈薩克西部在二〇二二年一月二日爆發了街頭示威。根據《華盛頓郵報》報導，是自蘇聯解體後三十年來最大的抗議事件，哈薩克也因此躍上國際媒體，備受關注。

這場示威最初只是幾十個人走上街頭，抗議天然氣價格飆漲。誰知示威愈演愈烈，所有對政府的不滿，從官員貪腐、貧富不均，到政治參與管道堵塞，都一下爆發出來。

愈來愈多人走上街頭，各派勢力介入，水愈攪愈混，和平示威變成暴力恐攻，燒殺搶掠，從哈薩克西部一路向東蔓延到阿拉木圖。總統托卡葉夫宣布幾個城市進入緊急狀態，派出安全部隊強力鎮壓，近四千名群眾遭到逮捕。以俄國部隊為首的集體條約合作組織派兵進入維和，局勢才逐漸緩和。

雖然哈薩克過去也曾零星發生過反政府的示威，都沒有這次來得這麼快，規模這麼大。但要像一些西方媒體一樣，視之為「天然氣革命」，恐又太過。因為這些群眾走上街頭，既沒領導，也沒組織，更沒一套政綱論述，自不可能成事。但這個動亂卻仍足以改變中亞的權力態勢。

領導人是前蘇聯菁英，卻是美國中亞夥伴

一些觀察家認為，哈薩克和俄羅斯、白俄羅斯一樣，都是強人長期執政的威權政府，領導人都是蘇聯時代的菁英，血脈相連。普丁想重建蘇聯時代的帝國霸業，白俄羅斯和哈薩克都是重要班底。

西方要遏阻俄國再起，先後在白俄羅斯和哈薩克內部製造動亂，也完全可以預期。何況俄國現正在烏克蘭問題上與西方對峙，此時於哈薩克內部煽動顏色革命，正可以讓俄國疲於應付，緩解烏克蘭東部的壓力。

但這種說法並不完全正確。因為主政哈薩克三十年的納札爾巴耶夫雖為前蘇聯高官，但蘇聯瓦解後他一直想走自己的路。

哈薩克民族主義開始復興，豐富的石油資源與礦產，加上關鍵的地理位置，都成為她在各國之間左右逢源的本錢。所以哈薩克雖與俄國相善，是「集體安全條約組織」（俄羅斯、哈薩克、亞美尼亞、吉爾吉斯、白俄羅斯與塔吉克）成員，也是「歐亞經濟聯盟」（俄羅斯、白俄羅斯、哈薩克、吉爾吉斯、亞美尼亞）的發起國之一，但她和美國的關係也非常密切。

納札爾巴耶夫放棄核武，配合西方的核不擴散政策，在美國打伊拉克與阿富汗戰爭時支持美國，是美國在中亞的重要夥伴。

抗議動亂一發生，土中俄都表態支援

哈薩克人口八〇%是突厥人，二〇二一年土耳其總統艾爾多安發起成立「突厥國家組織」的時候，哈薩克也是重要成員。哈薩克發生動亂，土耳其立刻表示可以隨時支援。

哈薩克同時也是「上海合作組織」成員，所以和中國的關係也非常密切。二〇一三年習近平就是在哈薩克宣布一帶一路倡議的。哈薩克是絲路必經之地，中國大陸在哈薩克的投資項目也愈來愈多，所以動亂一起，習近平立刻表示關切，不希望外國勢力介入，影響中哈關係。

可見哈薩克並不想在俄國勢力範圍內，做一馴服的成員，可是動亂一發生，總統托卡葉夫便向集安組織求援，之後俄軍進入哈薩克，在這場大國競逐中就贏了各國一手。哈薩克還有辦法走自己的路嗎？

哈薩克的動亂，抗議矛頭指向前總統納札爾巴耶夫的威權統治，讓現任總統托卡葉夫順勢從納札爾巴耶夫手中取得國安會的權力，這將如何影響哈薩克政治？都是有待繼續觀察的重點。

#哈國三十年來最大示威　#和平示威變暴力恐攻
#真的不是天然氣的錯　#外交既獨立又依賴

05 史上首位教宗出訪伊拉克

無懼疫情與戰火，與伊斯蘭教領袖世紀會面

在疫情肆虐與戰火綿延期間，教宗方濟各如期出訪伊拉克，四日行程圓滿落幕。期間除了參訪聖城與跨宗教領袖世紀會談，宣揚和平與共存，也為死難者禱告，期待伊拉克的戰爭落幕與和平到來。

伊斯蘭教與基督教之間的衝突，由來已久。但是一場在伊拉克的世紀會面，跨宗教的交流，為長年衝突與飽受戰爭苦痛的中東，透出一線曙光。

二〇二一年三月五日，天主教教宗方濟各飛抵伊拉克首都巴格達，展開為期四

天的訪問。隔天，他還到什葉派聖城納傑夫，與伊拉克什葉派宗教領袖希斯塔尼會談。

兩位白髮蒼蒼的宗教領袖談到和平，談到戰爭與疫情的苦難。誠摯的對話，為天主教與伊斯蘭什葉派建立了溝通的橋梁，也為跨宗教的關係掀開了嶄新的一頁。

教宗首訪意義大，為伊拉克的安定背書

對教宗而言，這次歷史性之旅雖然冒了一些風險，包括疫情以及伊拉克最近又升高的內戰，但卻完成了好幾任教宗都想圓而未圓的夢。二〇〇〇年若望保祿二世本來想去伊拉克，但因區域情勢緊張而作罷。後來本篤十六世也想去，也沒去成。二〇一九年七月，伊拉克總統又來邀請方濟各到訪，但因疫情關係導致拖延。

伊拉克的基督徒，是世界上最古老的基督教社群之一。著名的基督教古城烏爾、卡拉庫許，都在伊拉克美索布達米亞平原，也都在方濟各這次的行程之中。其中烏爾更是《聖經》上亞伯拉罕的家鄉，因此教宗的到訪自然別有意義。

尤其伊拉克的基督徒，在海珊執政時還有一百五十萬，但連年的戰亂，多少人流離失所，人口只剩下三分之一，多避居在北部庫德族自治區的摩蘇爾、埃爾比爾

等地。所以教宗這次也訪問了這兩地的教堂，同時祈禱，也呼籲伊拉克當局在分配新冠疫苗時，對基督徒能夠公平對待。

伊拉克政府希望經由教宗的到訪，讓世界知道伊拉克的安定；什葉派希望經由教宗與希斯塔尼的會談，提升伊拉克什葉派在國際的高度；基督徒則希望經由教宗的到訪，改善基督徒在伊拉克的地位。

四天無戰事，讓世紀會面和平展開

為了讓這次教宗的歷史性訪問能夠圓滿，伊拉克內部親伊朗的什葉派民兵，也宣布教宗到訪的四天內停止一切軍事行動，以做足面子給希斯塔尼。

所謂的軍事行動，是指教宗到訪前半個月的二月十五日，伊拉克親伊朗什葉派民兵發射火箭攻擊的機場，就在教宗到訪的庫德自治區城市埃爾比爾。當時造成一名菲律賓承包商死亡，好幾個美國承包商受傷。

為了警告伊朗，透過代理人戰爭一樣難逃美國的報復，拜登政府在二月二十五日攻擊了該民兵基地。只是美國在分寸上拿捏得很精確，他們攻擊的是伊拉克與敘利亞邊界，位於敘利亞境內一個民兵的小聚落，因為目標不在伊拉克境內，所以伊拉克政府不會因此難做人。

這次只投了七枚炸彈而已，小型攻擊是想敲打一下伊朗，但也不要關了與伊朗重開談判的門。問題是伊朗以及親伊朗的伊拉克民兵，能否讀出美國軍事外交的這一層細緻？前面說要暫停軍事行動，給希斯塔尼做面子的民兵領袖，就是宣稱二月十五日埃爾比爾機場是他們攻擊的民兵領袖。

至於教宗與希斯塔尼在世紀會面時，並沒有提到最近升高的武裝衝突，但還是希望兩個宗教領袖的對話，能為區域帶來和平的機會。

#千年來首次教宗訪問　#兩大宗教領袖世紀會面
#伊拉克的戰爭與和平　#教宗圓夢
#伊拉克有世界上最古老的基督教社群

06 美軍撤軍交棒塔利班
毒品重出江湖，阿富汗社會倒退二十年

以反恐之名，美國與盟國進軍阿富汗，這一打就是二十年。雖然美國宣布撤軍交還政權給塔利班，但是阿富汗國內百廢待舉，塔利班要如何彌補失落的二十年，引進外援重建？

九一一帶給美國巨大的創傷，為了追捕策劃九一一恐怖攻擊的蓋達組織首腦賓拉登，更以反恐之名，對當時拒絕交出賓拉登的阿富汗塔利班政權發動戰爭，爾後在九一一滿二十週年紀念日上，拜登宣布美軍完全從阿富汗撤軍，為一打二十年的阿富汗戰爭畫下句點。

只是阿富汗到底改變了什麼，又沒改變什麼？二十年前塔利班當國，二十年後塔利班回朝，但塔利班已不是當年的塔利班，阿富汗也不復當年的阿富汗，這中間一定有變，但變在哪裡？

女權高張、世代交替帶來改變

塔利班面臨的第一個變化是世代的差異。二十年前阿富汗女性在教育權和工作權上受到限制；二十年來大批女性受到高等教育，且在職場表現優異。

塔利班回朝後，又想把一切打回二十年前，所遭遇到的反彈可想而知。二十年前阿富汗沒有發達的社群網路，如今完全不同，網路上的串聯與聲援已在外交上對塔利班造成很大壓力。在女權狀況未改善之前，國際援助不可能大批而至。

世代問題當然也出現在塔利班內部。世代之間的路線之爭與權力之爭，讓塔利班呈現分裂。這讓許多外國政府沒有把握與這一派塔利班達成的協議，到了另一派的地盤還會不會算數。塔利班的分裂也讓伊斯蘭國有了分化的機會。

二十年前塔利班執政，蓋達組織是寄生在塔利班之下；二十年後，自巴基斯坦塔利班運動分裂出來，成立於阿富汗東部的分支呼羅珊伊斯蘭國（Islamic State-

Khorasan，簡稱 ISIS-K）則是要來和塔利班搶地盤。

塔利班和 ISIS-K 同屬遜尼派，但是塔利班的目標是要在阿富汗執政，ISIS-K 卻是要把阿富汗變成中東大哈里發國的一省，雙方因此勢如水火。當初塔利班之所以會與美國達成撤軍協議，就是想盡快結束與美國的戰線，可以專心對付 ISIS-K。但塔利班分裂，內部與 ISIS-K 暗通款曲者大有人在，恐攻難以止息。

除了 ISIS-K 之外，阿富汗還有讓塔利班頭疼的恐怖組織：蓋達、巴基斯坦塔利班、疆獨。二〇二二年夏天，美國在阿富汗成功擊斃蓋達領導人札瓦希利，多少也得利於塔利班的暗中協助。塔利班希望以此換得美國解凍至少部分阿富汗在美資產，但阿富汗女權無法提升的問題橫在前面變成障礙。

罌粟毒品現蹤，塔利班理不清千絲萬縷

阿富汗也期待北京能正式給予外交承認，但是疆獨問題也擋在前面。塔利班要疆獨分子別進阿富汗，疆獨卻願當 ISIS-K 的炸彈客來吸引國際注意。

塔利班希望鞏固與巴基斯坦的關係，但與其同出一源的巴基斯坦塔利班卻想推翻巴基斯坦政府。這些問題千絲萬縷，都需要塔利班準確拿捏分寸，一步步解決。

但是阿富汗有多少時間？外援不來，何以建國？那些需要錢的派系轉往販毒致富，阿富汗的恐怖主義又多了一項被媒體所稱的毒品恐怖主義。二十年前塔利班曾禁過罌粟，二十年後捲土重來，鴉片買賣重新復興。

各種恐怖攻擊在阿富汗內部頻傳，例如二〇二二年八月十七日，首都喀布爾一座清真寺遭到 ISIS-K 自殺炸彈攻擊，造成二十一人死亡、三十三人受傷，死者中還包括清真寺的教長。不到一個月，九月二日，阿富汗西部大城赫拉特的古查爾加清真寺遭到恐攻，一名炸彈客趁清真寺舉行週五聚禮時，在寺外發動自殺式攻擊，造成至少十八人死亡、二十三人受傷的慘案，現場橫屍遍野，令人怵目驚心。

過去伊斯蘭國的恐攻對象，多是阿富汗什葉派清真寺，現在連遜尼派的清真寺也遭到攻擊，且多名親塔利班的宗教領袖遇害，這讓一直宣稱重返執政將為阿富汗帶來安全的塔利班顏面無光。二十年物換星移，唯一不變的是，受苦的永遠是無辜的百姓。

#塔利班當家很不順　#女權問題回不去　#恐怖主義變本加厲

#塔利班理不清千絲萬縷　#罌粟鴉片重現江湖

中東關鍵事件簿時間表

- 2023.02.14 伊朗總統萊希訪問中國@北京
- 2022.12.29 以色列總理納坦雅胡宣誓就任
- 2022.11.20 二〇二二年國際足總世界盃開賽@卡達
- 2022.09.16 第二十二屆上海合作組織峰會@烏茲別克撒馬爾罕
- 2022.06.22 沙烏地王儲 MBS 訪問土耳其
- 2022.03.18 敘利亞總統小阿塞德訪問阿拉伯聯合大公國
- 2022.01.02 哈薩克爆發抗議活動「一月事件」
- 2021.11.23 美國釋出五千萬桶戰略儲備石油
- 2021.08.30 美軍撤離阿富汗
- 2021.05.06 以色列與巴勒斯坦戰火再起@耶路撒冷
- 2021.04.27 沙烏地王儲公開示好伊朗
- 2021.03.05 教宗方濟各首訪伊拉克@巴格達
- 2020.10.23 以色列與蘇丹建交
- 2020.08.13 以色列、阿聯宣布建交@電話會議
- 2020.03.06 沙烏地王儲 MBS 發起宮廷政變逮捕兩位親王

Part 3

歐非競合

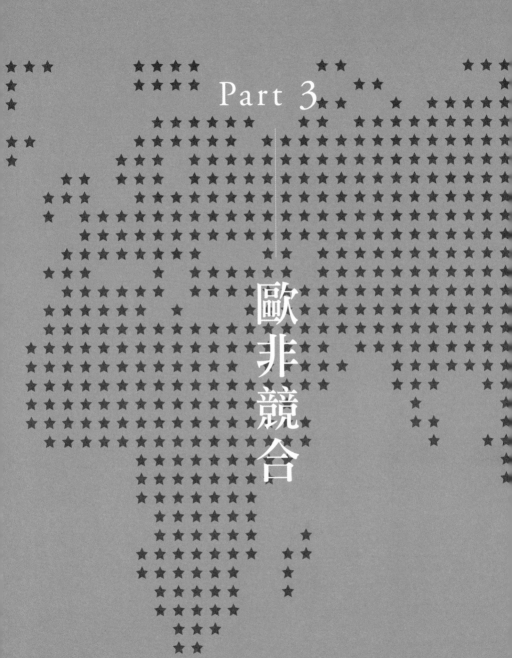

第六章

俄烏與東歐脈絡細分析

二〇二二年爆發的俄烏戰爭，其實是一場可以不必發生的戰爭。許多國際關係理論，甚至中國的傳統兵法都指出，如果俄羅斯的目的，是要嚇阻烏克蘭不要加入北約，她可以有很多方法可以達成目的，而不需要真正發動一場戰爭，結果普丁還是打了這場仗。美國學者表示，這就像當年小布希打伊拉克一樣，是一個錯誤的決策。但是錯誤歸錯誤，戰爭還是發生了。

觀看俄烏戰爭，可以分成三個階段：戰爭前，戰爭中，戰爭後。

「戰爭前」是看東歐的歷史、俄烏的恩怨，以及思考為什麼西方的嚇阻不能阻止普丁。

「戰爭中」是看這場仗是怎麼打的，為什麼中間不能停。軍事迷忙著解析各種新型武器對戰爭的衝擊，其實更該看的是假消息如何影響雙方的戰略判斷。這次戰爭充斥著各種假消息：鼓舞己方士氣、打擊對方士氣，或誘導對方、引蛇出洞，都靠著假消息來傳遞。如何判斷消息的真假，也成為國際關係的一大挑戰。

「戰爭後」是看戰爭如何收尾，秩序如何重建。這個點還沒到，現在大家看的是如何結束。俄烏戰爭結束，不可能是俄國投降，也不可能是烏克蘭投降，所以必然是找一個雙方勉強可以接受，而且可以自圓其說的下台階收場。前美國國務卿季辛吉說，戰爭之後的情勢，必是俄烏雙方「相互不滿意」。如何在相互不滿意的情況下重建秩序，對國際社會或對想出手調停的各個國家（包括中國、法國、土耳其、巴西，甚至非洲聯盟）都是一個考驗。

其實戰後的秩序安排不難，北愛爾蘭模式就是一個可以考慮的方向。北愛爾蘭名義上還在英國之內，但實務上和南方的愛爾蘭共和國又有很多實質的聯繫，且保有時機成熟時與愛爾蘭共和國統一的可能性。將克里米亞主權問題，推遲十五年在解決也是一個方式。二〇二二年三月底俄烏雙方在土耳其達成的協議，本就打算這樣處理克里米亞問題。其實領土的技術問題不難，難在雙方（不只是俄烏兩國，還有在烏克蘭背後不斷提供武器的美國）有沒有停火的意願。

如果真的停火，重建烏克蘭又是一個大工程，這也將影響到國際資金的流動，以及國際經濟地圖的重劃。比如，重建的錢怎麼來？西方是不是要端出新的馬歇爾計畫？如果中國應波蘭的請求，將烏克蘭納入一帶一路，那西方還能限制華為、中興等中國科技公司參加嗎？

01 「後後冷戰時代」的戰爭與和平
強國就像夢遊者，碰撞後引發大戰

冷戰之後的歐洲秩序被俄烏戰爭整個摧毀，俄羅斯部隊與核武都進入了白俄羅斯，讓鄰近北約東沿國家剉著等，就連德國也放棄過往的「和平牌」。無論結局如何，可以確定的是，這個「後後冷戰時代」的到來，各國必須嚴陣以待。

俄烏戰爭爆發前，美中對抗是國際政治的中心議題。一些學者表示，這與第一次世界大戰前夕非常類似。

西方學者在第一次世界大戰後曾訪問相關政治領袖，想找出一戰發生的原因。結果，受訪者都在交相指責，認為對方的行動才是引爆戰爭的主因。

研究者發現，戰爭的發生不是單一的因果關係，而是由許多事件交織而成。各個大國都自以為是，像一個個「夢遊者」，自顧自的往前走，最終碰撞在一起引爆世界大戰。今天的美中兩國，也像兩個夢遊者，讓雙方關係充滿不確定的風險。

一個「新時代」來臨，歷史會「押韻」？

俄國軍隊進入東烏克蘭進行「維和任務」之後，人們眼前出現的又是二戰前夕的影像。烏克蘭總統澤倫斯基說，西方若姑息俄國的行動，將是一九三八年《慕尼黑協議》姑息希特勒野心的翻版。普丁指責烏克蘭的新納粹勢力，烏克蘭指責普丁自己才像希特勒，用的都是二戰的語彙。難道歷史真的就是這樣押韻的？

普丁發動戰爭時指責西方，稱冷戰已經結束，但北約卻仍不斷東擴，對俄國構成安全威脅。反觀普丁想重建當年蘇聯的勢力範圍，不也是冷戰思維？一些觀察家指出，俄國要跟美國談歐洲安全秩序問題，明擺著是想回到當年的兩極體系，這難道不是舊的思維？

無論俄烏戰事如何發展，舊的國際秩序已經回不去了。德國總理蕭茲在俄烏戰爭全面爆發後，一反梅克爾時期的保守態度，決定增加一千億歐元國防預算，以因應俄烏戰爭帶來的「新時代」。

新時代，新在哪裡？

第一個當然是北約東沿的新安全環境。

俄羅斯部隊與核武都進入白俄羅斯，無論最後戰事如何終結，應該都不會輕易撤出。波羅的海三國等北約東沿國家，可說直接面對俄國的核武威脅。

冷戰之後的歐洲秩序被俄烏戰爭整個摧毀，所以英國《經濟學人》才會說，現在要進入的是「後後冷戰時代」，也就是德國要面對的新時代。

全球處在新時代序幕的危險開端

也有學者指出，如果俄國後來贏了，即便是慘勝，只要順利拿下烏克蘭，將來俄國必會食髓知味，繼續威脅北約其他國家；若烏克蘭敗了，但反抗軍仍不斷攻擊俄軍，俄國必會攻擊那些提供武器給反抗軍的國家；若俄軍敗了，普丁威信全失，俄國又將陷入長期不安，且不再成為超強。無論哪一種結局，對美歐都是嚴峻挑戰。

《經濟學人》提醒，從冷戰開始到一九七〇年代美蘇和解之前這段時間，曾是國際上最危險的時刻。這段時間先後發生了柏林危機、古巴飛彈危機、蘇聯入侵捷克等國際衝突，一直到一九七〇年代之後美蘇關係才告穩定，冷戰後解構的世界秩序才得以成形。

現在又是一個進入新時代的時刻。美國學者萊特說，我們正處在一個新時代的開端，而開端往往是最危險的。

普丁的核武威脅讓西方陷入兩難就是明顯例子：如果西方妥協了，表示核武威脅有效，以後各國競相效法，核武勢將擴散；但若西方也以核武相抗，又可能將俄烏戰爭升高到核武大戰。這就是充滿風險的走鋼索。

俄烏戰爭把歐洲秩序打得碎了一地，國際經濟秩序也崩塌了一半。無論這個秩序將如何重建，都已經不是舊的秩序，而是一個後後冷戰時代的到來。如何為這個時代把脈，預做綢繆，都是各國現在最重要的功課。

#俄烏戰爭的二戰語彙　#互罵希特勒、新納粹
#後後冷戰時代　#核武大戰
#大國就像夢遊者

02 烏克蘭是「不能浪費的危機」

從歐洲、歷史角度重新解讀俄烏戰爭

「不要浪費了烏克蘭危機。」俄烏戰爭拖著耗著，意外讓各國有了可以祭出包括演習、經濟制裁等不同外交工具的機會，並檢視效果如何。

英國首相邱吉爾在第二次世界大戰結束時留下一句名言：「千萬不要浪費一場好的危機。」這句話套在烏克蘭危機上再適當不過。

二〇二二年一月二十一日，美國國務卿布林肯再次與俄羅斯外長拉夫洛夫在日內瓦進行會談，最後依然沒有結果，但外交之門也並未闔上。

從二〇二一年十二月三十日，美俄視訊峰會開始，美俄之間、俄國與北約、俄國與歐安組織，進行了多次會談。但結果都一樣：俄國沒做出任何降低衝突的承諾，但也沒拒絕西方尊重鄰國主權與領土完整的要求。

烏克蘭問題，難依循南斯拉夫模式

烏克蘭危機就這樣拖著，普丁的意向讓人難以捉摸是重要原因。但長時間悶燒的危機，卻讓各國有了一個可以祭出包括演習、經濟制裁等不同外交工具以檢視其效果的機會，也讓所有國際關係學者有了可以檢視不同理論與戰略戰術的機會。所以這是一個「不能浪費的危機」。

俄羅斯共產黨曾建議，俄國可以正式承認東烏克蘭兩個親俄的分離主義共和國——頓內茨克與盧甘斯克，這樣兩國邀請俄軍進入，就不叫干涉烏克蘭內政了。

這有點像當年南斯拉夫解體的情況。南斯拉夫六個加盟共和國沒解體前，內部的衝突被稱為「南斯拉夫內戰」；待各國承認這些加盟共和國獨立後，戰爭就變成「巴爾幹戰爭」，這時各國介入也就少了不尊重他國主權與領土完整的顧忌了。

但是俄共這個提議被克里姆林宮否決。因為一旦承認了東烏兩國，對西方太挑釁不說，此後對基輔也少了談判的籌碼。從談判的觀點來看，威逼或利誘之所以能夠成為籌碼，就在於還沒有兌現。

二〇二二年一月二十日，美國共和黨參議員推動制裁俄羅斯通往歐洲的北溪二號天然氣管時，白宮全力阻擋，為的也是若太早攤牌制裁，美國將少了一個日後與俄羅斯談判的籌碼。

俄高喊「權力平衡」，歐洲拒絕美俄私下喬

但烏克蘭危機之難解，最關鍵的還是「如何為這個危機定性」。

俄國認為，問題出在大格局的「權力平衡」，所以要求美國同意北約不再東擴納入烏克蘭，並移走部署在北約東部、靠近俄國邊境的武器。普丁當然知道，要美國簽下條約承諾北約不會納入烏克蘭，是根本不可能的。既然不可能為什麼還要提？他想換什麼？

布林肯認為，要求美國承諾「北約不再東擴」只是俄國提出的議題；莫斯科真正在意的是安全議題，這是俄國真正關切的利益，所以拋出重回中程核子武器條約的想法做為置換。

這個想法一拋出來，歐洲就反彈了，認為中程核子武器條約限制美俄飛彈在歐

洲的部署，事關歐洲的安危，不是美俄可以私下達成協議的。從歐洲的角度來看，**烏克蘭是區域問題，美俄不應再由上而下指點世局。**這是定性的不同。

第二個關鍵是歷史與軍事的定性。

俄國對烏克蘭有很多歷史情結，關注到這些歷史情結建立的秩序，是「均衡」。在國際關係中，一般概念性的計算軍事力量對等建立的秩序，只是機械性的「平衡」。「均衡」與「平衡」的角力，在拿破崙戰爭後的一八一五年維也納會議也出現過，現在似乎又重演一遍。

烏克蘭危機是一個全球共同反思的機會——烏克蘭問題如果是以「非戰爭」的方式收場，那是治標還是治本？日後面對地緣衝突，該從全球的格局著手，還是從區域衝突角度降低緊張？歐洲走向戰略自主誰最後獲利？

烏克蘭危機拖得愈久，大家可以反思的地方就愈多。

#不能浪費的危機　#俄烏危機難解　#美俄拿歐洲安危說嘴
#歐洲不爽美俄的指點　#不只是區域問題
#美俄飛彈在歐洲部署　#均衡與平衡

03 俄烏戰爭牽動，歐中關係難縫補

中國「親俄中立」牌失靈，歐美趁機整隊

在一場中國與歐洲的視訊峰會上，雙方講話形同兩條沒有交會的平行線。對於俄烏戰爭，中國親俄的「平衡立場」，並未說服歐洲，反而讓四周警鈴大作，加碼國防預算，也讓歐美意外走到了一起。

歐洲理事會主席米歇爾和歐洲執委會主席范德萊恩，二〇二二年四月一日分別與李克強和習近平舉行視訊峰會。

會議中談了俄烏戰爭、台海緊張、中國對立陶宛的貿易施壓，以及新疆情勢等

相當多的議題，其中俄烏戰爭是峰會議題的重中之重。但是峰會卻未達成任何具體協議，亦未發布聯合聲明。歐盟還是無法從中國口中取得支持制裁，或至少不干涉制裁的承諾。

雖然北京希望在俄烏戰爭中力保平衡，中國駐美大使秦剛表示：「中俄之間合作沒有禁區，但也是有底線的，這個底線就是《聯合國憲章》的宗旨和原則，是公認的國際法和國際關係的基本準則。」但這個「平衡立場」卻未能讓西方滿意，西方要的是更具體的承諾。

歐洲感受戰爭風險，中國卻有不同感受

期待的落差，折射出中歐雙方對國際情勢看法的巨大差異。

歐洲覺得中國完全無法體會俄烏戰爭對歐洲造成的巨大震撼。這從德國願意放棄和平形象，在國防政策上一百八十度轉變，增加一千億歐元國防預算，就可清楚看出。

歐洲也感受到戰爭的風險，包括可能因為戰術核武被使用而變成第三次世界大戰，以及糧食體系、金融體系、世界經濟秩序的崩壞。整個戰火把冷戰後的政經秩

序打碎了一地，而北京竟然只用烏克蘭問題或危機幾個字輕輕帶過。

中國也覺得歐洲不了解中國。就中國的角度來看，北約圍堵俄羅斯，就像海權國家在印太地區圍堵中國一樣，完全是舊的思維，也完全不了解中俄兩國的安全需求。中國也因此對俄國的處境感同身受。

因為彼此對國際情勢認知有這麼大的落差，所以在中歐峰會上，雙方講話形同兩條沒有交會的平行線。習近平的講話，延續了過去打造一個「多極」國際體系的思維，表示「希望歐洲形成獨立自主的對華認知，奉行自主對華政策，同中方一道，推動中歐關係的行穩致遠，為動盪世局提供一些穩定因素」。

中國盤算離間歐美陣營，戰爭卻打亂棋局

就中國而言，最重要的是把歐洲從美國的陣營中分離出來，這是「上兵伐謀」的戰略。過去中國之所以搶在拜登上台前，和歐盟達成中歐投資協定，就是這個戰略思維的產物。

後來中歐投資協定雖因歐盟制裁中國在新疆對維吾爾人的政策，以及中國制裁歐盟議員而擱淺，但中國基本上仍將其定調為歐洲是被美國牽著走，才導致中歐關

係的停滯。因此希望歐洲能走自己的路，和中國一起成為穩定世局的力量。

這種訴求在俄烏戰爭發生前也許有吸引力。因為法國總統馬克宏一直高舉的，就是歐洲要有自己的戰略自主。雖然這種自主是兩刃刀：歐洲不一定跟著美國走，但也不必跟著中國走，可是能讓歐美不必事事同調，中國就成功了。

不過，俄烏戰爭卻打壞了中國擘劃的棋局。戰爭在歐洲造成的震撼，讓美國順勢整合了美歐的立場，連德國立場都變了，這時習近平再鼓吹歐洲走自己的路，就顯得時空錯置了。

一些學者表示，俄烏戰爭讓歐盟與中國的關係變得無法操作。歐中峰會的結果之所以空洞，也完全可以預期。

#俄烏戰爭前後歐洲立場轉變　#歐洲人人自危
#德國增加國防預算　#第三次世界大戰　#就是要讓歐美不同調

04 「俄勢力」併吞烏東四州只是前奏

俄烏戰爭是領土保衛戰，還是區域戰？

俄烏戰爭原是一場「侵略戰爭」，卻因烏東四州被併入俄羅斯，搖身一變成「俄國領土保衛戰」。儘管國際給予俄國嚴厲指責，美國加碼制裁，對野心家來說，侵略所需要的只是個名目和藉口。

二〇二二年九月三十日，俄羅斯總統普丁正式宣布，將烏克蘭東部到南部的頓內茨克、盧甘斯克、札波羅熱和赫爾松等四州併入俄羅斯。俄烏戰爭不只因為這四州的被併而升高，戰爭目的與戰爭性質也都有了根本變化。

原本，俄烏戰爭是一場俄羅斯入侵烏克蘭的「侵略戰爭」，因為普丁把烏東四州併入俄羅斯，搖身一變成了「俄國領土保衛戰」。

在普丁這個邏輯下，俄國可以為了保衛領土，不惜動用核子武器，戰爭因此升高為俄國與西方的較勁，戰爭的關注焦點也從烏克蘭是否能光復失土，質變為如何防止核戰真正爆發。

兼併烏東四州，俄國人民超焦慮

普丁想拿下烏東其實並不讓人意外。俄烏戰爭爆發前，俄國便派部隊進入烏克蘭的頓巴斯地區進行「維和任務」，當時就有人猜測，俄國維和部隊是不是就這樣不走了。

也有人猜想，俄烏戰爭結束後，烏東秩序安排的最終結局會是什麼，是否會在烏克蘭框架內，和俄羅斯保持密切關係。這就有點像波士尼亞內部塞爾維亞人和塞爾維亞的關係。

然而，這些人都猜錯了。普丁選擇的是粗暴的直接兼併，用的是二〇一四年對克里米亞「先公投再合併」的同一模式。

其實，真要說是「克里米亞模式」又不完全正確。因為俄國在兼併克里米亞時表示，這只是在改正一九五四年蘇聯時期赫魯雪夫當政，把克里米亞劃給烏克蘭的錯誤政策。

對俄國而言，這是「國家統一」，不是要去分裂別人的國家。至於克里米亞半島的俄裔，也表示他們只是要回家，何錯之有？所以當克里米亞回歸俄國時，俄國人民是歡愉支持的。

然而烏東四州和克里米亞性質不同，那就是赤裸裸的兼併。普丁這樣橫柴入灶，俄國人民是焦慮的，因為這樣粗暴的行為，不知最後將如何收場，俄國又將付出多少代價。普丁喊話烏克蘭回到談判桌，但事已至此，還能談什麼？國際若默認四州入俄，無異是對侵略者的酬賞，要談判根本不可能。

恐釀核戰，中國親俄立場尷尬

國際對俄國給予嚴厲指責。美國加碼制裁、烏克蘭正式申請加入北約，都讓衝突像螺旋般升高。

面對這個議題，尷尬的是中國。因為分裂他國領土，觸碰到中國最敏感的神經。

所以當安理會表決譴責俄羅斯吞併烏克蘭四州的決議案時，中國只能尷尬棄權，無法以否決票挺俄。

在這種情況下，中俄兩國的關係會發生什麼變化？中國和俄烏兩國皆有邦交，過去沒有承認俄國兼併克里米亞，這次也不會支持俄國兼併烏東四州。

當俄烏戰爭升高到可能引爆核戰時，中國曾表示要勸和，德國、法國也表示要介入調解，希望能讓戰爭盡快畫下句號。可是那都是在俄國還沒併吞烏東四州之前，事件之後情況已經大為不同，迴旋空間盡失。

而且，別忘了，俄國沒有真正完全控制新併入的四州。紅場的故作歡愉，掩飾不了烏東戰場的窘境。

#兼併烏東vs克里米亞模式 #俄羅斯國土保衛戰
#中德法都想調停 #這下子中國尷尬了
#升高為核戰等級

05 東歐難民被當作人肉外交武器
白俄操盤難民危機，強逼歐盟談判

「先創造出難民危機，然後以此跟西方談判。」這是「歐洲最後的獨裁者」白俄羅斯總統盧卡申科在二〇二一年難民潮時想出的奧步，他想仿效土耳其以難民為武器的做法，來逼歐盟跟他談判。可憐的難民就成了獨裁者的野心工具。

在談判上有一種權力叫「行為權力」：我有什麼行為是對方要的？如果有，這就是我們的談判籌碼。行為權力通常是創造出來的，比如「會吵的小孩有糖吃」，小孩的籌碼是不哭。但是他必須先哭，然後才能不哭。

北韓跟西方談判的籌碼是棄核，但她必須先擁核然後才能棄核。白俄羅斯跟波蘭、立陶宛、拉脫維亞等國的難民危機，用的也是同樣步數：先創造出難民危機，再以此跟西方談判。

歐洲最後的獨裁者，以難民當武器

白俄羅斯總統盧卡申科顯然是從土耳其的外交得到啟示。土耳其地處中東進入巴爾幹的門戶，大批敘利亞難民想經由土耳其進入歐洲。土耳其對難民放不放行，成為她跟歐盟談判的籌碼。

遭到國際制裁的盧卡申科，被稱為是「歐洲最後的獨裁者」。他也想如法炮製，讓大批中東難民或非法移民湧入白俄羅斯，鼓勵他們從白俄羅斯進入歐洲。盧卡申科想仿土耳其以此製造危機，逼歐盟跟他談判。他也抓住難民問題在東西歐國家既有的矛盾，在衝突上火上加油。

這讓波蘭、立陶宛、拉脫維亞等與白俄羅斯交界的國家備感威脅，紛紛關閉邊界，並派兵赴邊界提高戒備。由於歐洲依賴的俄國天然氣管，途經白俄羅斯，所以盧卡申科也揚言，如果波蘭不開放邊界，將以關閉天然氣管對波蘭施壓。

歐盟指責盧卡申科，說他刻意派民航機到中東國家，把這些非法移民接到白俄羅斯，鼓動非法移民湧入東歐。盧卡申科否認，說那些人是自己買了機票來的。普丁支持白俄羅斯，但聲稱難民危機與其無涉，也否認俄國有任何民航機把這些難民載到白俄羅斯。

俄國支持白俄羅斯，等著看歐盟反應

普丁也有自己的布局。在美國忙於內政與對抗中國、德國處於新舊政府過渡、英國又與歐盟因北愛爾蘭問題再生齟齬的時候，幾乎沒人有精神管到東歐。所以普丁又在俄烏邊界增兵，鎮住烏克蘭避免她真的倒向西方，並派戰略轟炸機飛越明斯克，展現對白俄羅斯的支持。

倒是對盧卡申科威脅要關閉天然氣管這一段，普丁說他會履行合約繼續供氣，沒問題，他也用行動宣示，這塊地方是俄國的勢力範圍，西方不要插手。土國外交部宣布，禁止敘利亞、伊拉克、葉門等國的飛機從土耳其飛明斯克（白俄羅斯首都），以免載去更多非法移民。歐盟對土國的合作表示感激，這讓土耳其又多了一個外交的籌碼。

因為白俄羅斯、俄羅斯和土耳其的角力，歐洲內部出現一股聲音，一些人表示非法移民的危機是白俄羅斯挑起的，西方會怎麼反應，也是盧卡申科預料中的，等於大家都跟著白俄羅斯的音樂跳舞。最後難民挨餓受凍，陳屍路上，不人道的罪名都是西方在背。

歐盟其實大可不必跟著起舞，白俄羅斯可以派飛機把難民接來，歐盟也可以派飛機把他們送回去，或者修改移民或政治庇護的政策，讓難民進入程序，而不是擋在邊界成為僵局。歐盟的反應若大出白俄羅斯預料，自可破了白俄羅斯所設的局。

#難民危機成談判籌碼　#白俄羅斯有樣學樣

#俄羅斯趁機管到東歐去　#土耳其挖坑給歐盟跳

06 土耳其跟俄國到底是敵是友？

大玩兩面手法，跟潛在敵國走很近的北約盟國

土耳其在地理上橫跨歐亞兩洲，俄烏衝突前就與俄烏均有良好關係。只是，俄烏衝突發生後，土耳其運用自身與地緣政治優勢，遊走其間，到底是想當和事佬，還是攔路虎？這個「跟潛在敵國走很近的北約盟國」，連美國都沒輒。

二〇二二年二月二十四日，俄羅斯全面入侵烏克蘭，堪稱第二次世界大戰以來歐洲最大規模的戰爭之一。

早在俄烏開戰三週前的北京冬奧開幕會上，普丁和習近平在北京握手微笑的時

候，俄國仍持續在俄烏邊界增兵。很多人都在想：這個笑容背後是否藏了一張侵烏時間表？果不其然，從派兵「維和」到開戰，俄烏戰爭在二〇二二年冬奧之後正式爆發。

在此之前，土耳其總統艾爾多安才到烏克蘭，和總統澤倫斯基會談了三個小時，簽下自由貿易協定和防衛協定。艾爾多安表示，願意調停由來已久俄烏衝突，可是土耳其還繼續賣武器給烏克蘭，並和烏克蘭共同製造無人機，對抗東烏的親俄分離勢力。

再往前推幾個月，二〇二一年十二月時，普丁曾告訴艾爾多安，幫助基輔對抗東烏，會讓土耳其陷入一場充滿挑釁與毀滅性的行動之中，但土耳其無動於衷。因為和烏克蘭在軍事工業上的合作，可以給土耳其帶來太多的利益。

土耳其的外交更耐人尋味了：到底土耳其跟俄國是敵還是友？

明明是北約成員，卻賣軍武給俄國

從地緣政治的大環境來看，土耳其是北約第二大軍事強國，控制黑海進入地中海的要道。只要北約與俄國開戰，土耳其都處於前線的位置。在敘利亞內戰，在利比亞內戰，在亞塞拜然與亞美尼亞的高加索戰爭，土耳其和俄國都站在對立面，支持不同的勢力。就這點來看，土俄兩國當然是敵。

可是兩國卻又有重疊的利益。敘利亞內戰漸入尾聲，土耳其為防止庫德族在戰後從伊斯蘭國手中奪回土地建國，乃在重建敘利亞秩序上和俄國密切合作。土俄兩國還共同巡邏，確保敘利亞停火不被破壞。敘利亞的經驗也外溢到利比亞，兩國一樣在重建利比亞新秩序上彼此協調。

土耳其在經濟上依賴俄國，在軍事上也拚著不惜得罪美國不賣先進F35戰機給她，也要買俄國S400防空飛彈系統。一個北約盟國和一個潛在敵國走得這麼近，足以讓美國氣結。就這點來看，土俄兩國似乎又不完全是敵。仔細梳理土耳其過去的外交，可以發現她似乎也很享受這種和俄國亦敵亦友的關係。

擁有海峽咽喉點，遊走美俄之間

土耳其控制黑海與地中海之間的博斯普魯斯海峽，由於這個海峽很窄，所以土國對通過海峽船隻的大小和數量都有限制。

二〇〇八年，俄國攻打喬治亞共和國，美國軍艦欲從地中海經海峽進入黑海對抗俄國，土耳其卻不肯放寬軍艦大小與數量的限制。另一方面，土耳其卻又和北約盟國一起，訓練喬治亞的部隊，並提供武器裝備給他們對抗俄國。

二〇一四年俄國兼併克里米亞之後，土耳其拒絕執行美國、歐洲對俄國的制裁，但也不承認俄國兼併克里米亞是合法。要是小國這樣做，我們會說她是走鋼索，可土耳其不是小國。她的軍事力量和地理位置，讓她有了可進可退的空間，以及對任何一邊都亦敵亦友的籌碼。

想要繼續這樣在外交上長袖善舞卻有一個條件，那就是戰爭沒有真正發生。這也跟敘利亞或利比亞的代理戰爭不同，作為北約盟國，土耳其是要被迫選邊的。這將讓土耳其陷入兩難，所以她才會積極對俄烏衝突介入調停。

土耳其學者表示，土國沒有能力影響烏克蘭加不加入北約，但能啟動美歐與俄國對歐洲安全新秩序的辯論。只是俄烏戰爭已成事實，土耳其的兩面手法恐終有技窮之日。

#土耳其跨歐亞的好地理　#是敵是友　#亦敵亦友

#跟潛在敵國走很近的北約盟國

07 當了二十年又連任的「超級大總統」

經濟衰退民怨多，無損艾爾多安的選票

在二〇二三年土耳其總統大選前，面臨處理大地震、高通膨問題，而引發民怨的艾爾多安，還是當選了。不少支持者，甚至高喊「他是我們的人」。看來民族主義當道的土耳其，要推翻這樣有韌性且幾乎完全掌握媒體的獨裁者，還需要更多努力。

執政二十年的土耳其總統艾爾多安，於二〇二三年六月三日宣示就職，展開下一個五年任期。

這次的勝利贏來不易，是五月二十八日舉行的總統大選第二輪投票才成定局。

由於先前第一輪投票前，土耳其與西方專家多預測反對派候選人基里達歐魯會以過半得票勝出，結果完全不對，所以大家變得比較保守，轉而預測總統艾爾多安應會順利連任。對自由派而言，這是被迫面對現實的無奈。但對局外觀察者，卻能從選舉過程中得到許多啟發。

先看選舉預測為什麼會錯。土耳其學者事後檢討，指出他們事前的預測其實只是自己期待的投射，並不是事實。他們太重視民調數字及推特上的發言，太會跟著啦啦隊起舞，卻完全無視於艾爾多安的實力及基里達歐魯的弱點，以致預測與現實脫節。

經濟糟、高通膨，掌控土國九成媒體

美國記者也去艾爾多安的鐵票區，訪問支持者為什麼投票給艾爾多安。支持者除了細數艾爾多安過去對的地方建設外，更強調「他是我們的人」。美國著名認知科學家雷可夫教授在他的名著《別想那隻大象》中就指出：「人民投票不一定出於自身利益。他們投的是身分，投的是自己的價值觀，把票投給自己認同的人。」在這裡完全得到驗證。

艾爾多安過去有沒有成就？有。他大大提高了基本工資、津貼與公務員薪水，降低退休年齡，提供天然氣價格補貼，也推出低利貸款。沒有這些成就，正義與發展黨也不會長期執政。

可是他後來愈來愈獨裁，由總理轉當總統後修憲擴權，將虛位的總統變成超級大總統，成為幾乎無人能敵的「土耳其蘇丹」。透過資源分配操弄政治，中立的文官體系開始見風轉舵，原本應獨立的中選會、法院也仰他鼻息辦事。他更掌握了土耳其國內近九〇%的媒體，主導重大議題的討論方向，反對勢力幾乎沒有話語權。

土耳其近年經濟很糟，近五年貨幣貶值四五〇%，通膨逼近一〇〇%。但艾爾多安發現對經濟衰退最感到痛的是城市居民，這些人本來就不會投他。而他的鐵票區在農村，對通膨的感受沒那麼快，所以他在農村的宣傳重點都擺在過去的成就。

強勢軍事與獨立外交，「強人政治」受尊崇

二〇二三年二月發生的土耳其大地震，暴露出公共工程的品質太差與政府救災的顢頇。一般預測應會影響艾爾多安得票，結果還是沒有。他在災區的得票還超過反對黨，因為他完全掌握了媒體，根本不讓媒體討論經濟或救災問題，轉而把重點

導向土耳其的軍事與外交，這讓鄉下的選民感到興奮。

何況當時正逢土耳其建國一百年。一九二三年凱末爾（後被喻為土耳其國父）革命建立共和時，強調現代的土耳其是一個世俗的國家。但艾爾多安的正義與發展黨卻是宗教的政黨，與凱末爾當初的理想相悖。**現在土耳其人似乎更在意的是民族主義，不是世俗路線。**

許多選民表示，土耳其現在有強大的國防工業，不必再向列強鞠躬哈腰了。他們需要艾爾多安這樣的強人，他帶來信任與安定，也讓土耳其有了獨立的外交政策。其他經濟、救災等問題，最終艾爾多安一定有能力解決。

西方說，在艾爾多安身上看到獨裁者的韌性。要推翻這樣有韌性且幾乎完全掌握媒體的獨裁者，顯然還需要更多的努力。

#土耳其蘇丹　#艾爾多安的實力　#民調數字的落差
#建國百年最諷刺的事　#民族主義
#獨裁者的韌性　#別想那隻大象

第七章

歐非來到新時代

歐洲一直想在國際舞台上扮演重要角色，但是一直沒有成功。過去季辛吉擔任美國國務卿時，最有名的故事就是：人家跟他說美國不能獨斷獨行，有事也要問一下歐洲的意見。他回答：「歐洲？告訴我該打電話給誰？」

過去當然是打電話給德國總理梅克爾，但是梅克爾已經退休了。現在打給法國總統馬克宏可以嗎？德國和法國是推動歐洲整合的雙引擎。**德法兩國是戰是和，直接牽動歐洲的發展，加上梅克爾和馬克宏又不是對每件事的看法都相同。**

歐元危機爆發時，歐盟該如何要求各國撙節支出，重建歐元區的紀律；難民危機爆發時，歐洲該接納多少難民；新冠疫情爆發後，歐洲該如何紓困，錢怎麼來，怎麼分，每件事歐洲各國意見都不盡相同，南歐國家和中歐、北歐國家各有想法，馬克宏與梅克爾也都有過爭執。

梅克爾退休後，馬克宏想，現在該由法國來帶領歐洲了吧？偏偏法國內部問題又很多。從黃背心的街頭抗議，到退休制度改革點燃的全國罷工，到少數族裔引爆的全國動亂，每件事都把馬克宏的關注力從外交又拉回內政。

一些歐洲學者指出，法國人從拿破崙時期開始，就養成走上街頭爭取自己權益的傳統。也有人說除了政治傳統外，南歐的氣候與北歐不同也是一個原因。南歐氣候暖和，人們比較會走上街頭。北方則不同，所以法國式的街頭抗爭，在荷蘭就沒有發生過。這也是一個有趣的觀察點。

歐洲還有一個大國就是英國。**英國退出歐盟，費時三年，折損了保守黨三個首相，但歐洲的格局也因此改變。**

英國最近的幾個首相都很有故事性：強生首相恃才傲物，放蕩不羈，跟川普可以相互呼應。但疫情期間罔顧封城禁令恣意開趴，讓他失去首相寶座。特拉斯首相學霸出身，但固執偏聽，結果造成英鎊慘跌，也讓她首相生命早早夭折。

現在的蘇納克首相更有故事性，他是印度裔。當初英國殖民印度，現在印度人回來當英國首相，還真是歷史的反諷。而印度裔菁英現在各個領域紛紛崛起，也讓人不得不對印度的影響力給予特別的關注。

非洲也正在崛起。非洲的經濟潛力，讓各國開始關注非洲。中國經營非洲最久，建立的關係既廣且深，但現在美國、俄國、日本等都紛紛搶進，更不用說前往非洲護盤的老牌殖民宗主國法國了。

非洲對自己正在上升的影響力也沾沾自喜，所以非洲聯盟才會想到出手調停俄烏戰爭。雖然非洲根本沒有調停俄烏戰爭的籌碼，但願意走出非洲，試著在國際舞台發聲，這個企圖心就是一個新的開始。另一方面非洲的恐怖分子仍然猖獗，從東非到西非，藉由發生內戰的國家茁壯自己，有蓋達，有伊斯蘭國，也有獨裁政權引進的俄國傭兵瓦格納。這會如何影響非洲的發展，如何牽扯進各個強權在非洲的角力，也成為我們觀察的脈絡。

01 馬克宏的傲慢惹火法國人 想在梅克爾後領導歐洲，卻分裂了法國

馬克宏給法國人的印象，是傲慢的人生勝利組，不想聽反對意見，也不想跟老百姓溝通，也因此，他的每一個決策和舉動都像政治豪賭。

法國總統馬克宏一直認為，在德國總理梅克爾退休之後，該他出來領導歐洲了。所以他提出了歐盟的改革計畫，也準備和習近平談烏克蘭的情勢，於是在二〇二三年四月間和歐洲委員會主席范德萊恩一起到中國訪問。

馬克宏拉著范德萊恩同行，是想向中國表示歐洲的團結。可是就算歐洲真是團

結的，法國卻是分裂的。

因為馬克宏才引用《憲法》第四十九條第三項，在不經國會表決下，強行通過將退休年齡從六十二歲延後到六十四歲的退休改革法案。

未經投票強行過關，議員群眾都抗議

馬克宏這個強行通過的舉止，讓反對黨議員認為自己的投票權被剝奪，憤而全體起立，擊桌唱國歌抗議。反對退休改革的老百姓也一下炸了鍋，認為政府過於蠻橫，於是愈來愈多群眾湧上街頭，連一向平靜的波爾多都出現了示威的人潮。

馬克宏覺得他這樣做並不違法。事實也是如此，法國總統引用第四十九條第三項完全合乎憲法。反對黨若對此不滿，大可在二十四小時內對內閣提出不信任案以為補救。

若不信任案通過，內閣就將垮台（總理下台，總統仍在位），法案也必須中止。而國會的確也提了兩個不信任案，但都沒有通過。除非憲法委員會叫停，或提出折衷建議，否則這個法案應該就會付諸實行。

就馬克宏而言，法國人口老化，經濟衰退，若不及時對退休制度進行改革，政府很快就會發不出退休金，因此改革勢在必行。但以目前國會生態，透過正常國會表決程序，法案又很可能過不了，只有賭上一把，引用第四十九條第三項，強行通過。

馬克宏連任後，退休改革仍拒絕妥協

法國政治評論指出，政治人物應該知道，不是你認為對的都推行得了，還必須講究「方法」與「時機」。何況馬克宏給人的印象，本就是傲慢的人生勝利組，根本不想聽反對意見，也不想跟老百姓溝通，所以才會這樣橫柴入灶。

一些走上街頭的抗議人士表示，他們反對的不只是退休制度改革，更是馬克宏這種漠視民主程序的決策風格。所以法案雖過，但法國分裂之局卻依然難解。

一九六八年戴高樂擔任總統時，也曾經歷過幾個月的大型示威，結果他號召百萬群眾走上街頭支持他的政策，並解散國會，舉行大選，結果獲得勝利。

馬克宏找不到百萬群眾，也不想提前解散國會，因為未必能贏，所以無法仿效戴高樂故事。但即便是戴高樂，長期示威耗盡社會共識，一年後還是因另一件公投案沒過而下台。

有論者指出，馬克宏在退休改革上，把府會關係弄得這麼僵，那其他的改革，如環保、教育、移民等還想不想推？還有法國學者指出，在大選中人們支持馬克宏，不是支持他的政策，而是要阻擋極右派國民陣線的雷朋出線。結果確實證明，馬克宏以五八．二％的得票率擊敗對手雷朋，也成為法國二十年來首度連任的總統。

只是馬克宏依然在退休制度改革上拒絕妥協，第一任的未竟之志，在第二任時繼續努力，雖千萬人吾往矣，除了成就自己的歷史定位，更重要的是，他想要成為改革的英雄，拒絕淪為一事無成的總統。

＃馬克宏想當歐洲老大　＃不投票強行過關
＃搬出憲法最高原則　＃退休改革制度引民怨
＃當英雄或狗熊　＃馬克宏分裂了法國

02 義大利版「超級瑪利歐」Game Over「歐元救星」也救不了自己和義大利經濟

義大利前總理德拉吉有「歐洲的名片」、「拯救歐元的男人」、「超級瑪利歐」等多個封號。只是儘管戰績輝煌，儼然是歐洲新領袖了，卻在一場義大利的政治風暴中落寞下台。即時拯救了歐元又如何，他卻救不了自己和義大利。

被稱為「超級瑪利歐」的義大利前總理德拉吉，是前歐洲央行總裁，擁有崇高的國際聲望，可以說是義大利國寶。只是這麼有聲望的義大利領袖，在二〇二二年終究敵不過義大利政局的動盪，走向政治生涯終點，黯然下台，徒留遺憾。

德拉吉的成績輝煌——因為有他坐鎮，歐盟對義大利的紓困資金才敢撥下去；也因為有他領導，義大利經濟在二〇二一年才有六％的成長。

梅克爾退休後，歐洲一直缺乏領袖：新任德國總理蕭茲還沒成氣候；雄心萬丈的法國總統馬克宏，因在國會選舉中失去多數，而不得不將注意力轉回國內；英國首相強生也在黨內逼宮下辭去黨魁，此時德拉吉浮現出來，成為「歐洲的名片」。

政局不穩的義大利，出了一位國際政壇明星

義大利總理成為「歐洲領袖」其實是很弔詭的。因為戰後義大利政局是有名的不穩，居然出現一個國際舞台的耀眼明星，大家在驚嘆之餘也捏了把冷汗，擔心義大利的政治現實終會讓德拉吉從舞台跌落。結果這件事還是發生了。

德拉吉從舞台跌落的主要原因，在於他是技術官僚背景，非選舉出身。他個性耿直，不願妥協，且因為沒有政黨做為權力基礎，只能靠聯合政府中各個政黨擁立。一旦各政黨撤回支持，政府就垮了。這次就是這種狀況，儘管國會還是通過了對內閣的信任案，但因聯合政府的三個黨都反對他，總理只能黯然求去。

這次的政治風暴，是聯合政府中最大黨「五星運動」（Five Star Movement）

出身的外長迪馬尤，抗議自身政黨不支持軍援烏克蘭，憤而出走，造成六十幾位同黨議員跟著出走所引爆。

五星運動黨魁孔蒂為了遏制出走潮，高舉五星大旗，在別的議題上變得更為激進，並阻撓德拉吉的社福法案。於是德拉吉被逼，首度提出辭呈，但為總統退回，要德拉吉向國會尋求支持。而義大利地方政治領袖也紛紛聯名，希望德拉吉能打消辭意。

「五星運動」操作，拖垮聯合政府

聯合政府中，右派的聯盟黨也想退出政府，推動大選。因為他們警覺到加入聯合政府只會讓自己失去政黨特色，致使基本盤被極右的義大利兄弟黨一步步蠶食。他們也發現，如果當下舉行大選，整個氛圍對右派有利，但又不想承擔造成聯合政府垮台的責任。正逢五星運動生事，便說服聯合政府中的第三黨義大利力量黨一起行動，拒絕在不信任案中支持德拉吉，跟在五星運動後面拖垮聯合政府。

也有評論指出，德拉吉終究政治權謀不夠，若不提出不信任案，或趁五星運動分裂之際進行內閣改組，應該還是可以延續政治生命，不需衝動辭職。

但這都太晚，義大利政局已經開始不安，而德拉吉也在二〇二二年七月二十一日再次請辭獲准。

改革停擺，紓困金源就下不來，眼前必須面對的是俄烏戰爭、能源、通膨三大危機。緊接著的大選結果，極右的兄弟黨黨魁梅羅尼出任總理，取得國會多數，也於二〇二二年十月宣誓就任，成為義大利首位女性總理，進入了女力新時代。

#歐洲的名片　#歐元救星　#歐盟新領導人
#五星運動　#德拉吉兩次辭職
#義大利女力新時代

03 快閃英相特拉斯的政治啟示錄

減稅下錯猛藥又眾叛親離，嚇壞英鎊暴跌

為什麼政府會做出錯誤的決定？專家指出，決策錯誤的原因都是領導人窩在小圈圈裡做決策。就像英國前首相特拉斯，大張旗鼓推出的「迷你預算案」，蠻幹硬幹的結果，黨內、外界質疑排山倒海而來，甚至最後連自己的飯碗都丟了。

她，是英國女王伊麗莎白二世任命的最後一位首相；她，也是任職時間最短的英國首相；她，曾經頂著英國有史以來第三位女性首相的光環。她，是特拉斯，風光上任短短六週就下台，曾經的意氣風發，何以搞得如此灰頭土臉？

在特拉斯的「領導」下，還創了另一個紀錄，就是她所任命的財政大臣夸騰，任期僅三十八天，成為兩百年來，除去任內死亡者之外，英國在位最短的財政大臣。

小政府不是王道，脫歐沒帶來真正的解放

事情的導火線在於特拉斯所堅持的「減稅政策」。她和周圍的保守派，意識型態非常強烈，深信「小政府」才是王道，堅持減稅、供給面的改革、以及掙脫各種規範的束縛，認為這樣才能為社會注入活力，刺激經濟成長。

也就是說，特拉斯這派的人認為，脫歐是一種解放，把英國從大政府、大規範中解放出來，而他們現在提出的減稅預算，就是這一系列革命的一部分。

所以當夸騰提出「迷你預算案」時，就包括了刪除最高稅率的政策在內。這形同對富人減稅，自然引起一般百姓不滿。偏偏減稅的同時，政府又表示要補貼能源帳單，增加國防預算到GDP三%，這就出現很大的財政缺口。

夸騰表示，將以借貸數百億英鎊支應，此話一出，市場譁然，對英鎊信心盡失，英鎊幣值應聲倒地，保守黨的支持度也隨即崩盤。

此時，特拉斯祭出切割夸騰的方式，用來平息她錯誤財政政策激起的民怨，延

長自己的政治生命。但在黨內威信全失的情況下，這樣的政治操作能否如願，誰也沒有把握。記者問特拉斯：「會不會因此睡不著覺？」她說不會，還表示這都是市場過度反應，過一陣子就好了，政策絕不會更改。直到身邊幕僚告訴她事態嚴重，保守黨四面楚歌，黨內已醞釀逼宮，她才趕緊開除夸騰，也將政策做了髮夾彎，取消了原定廢除最高稅率的政策。

小圈圈決策，最怕與人民脫節

美國學者沃特曾在《外交政策》雜誌上為文探討，為什麼政府會做出錯誤的決策。他列舉了小布希攻打伊拉克、普丁發動俄烏戰爭、習近平的動態清零疫情政策，還有就是特拉斯的財政政策深入討論。他發現，決策錯誤的原因都是領導人窩在小圈圈裡做決策。待大家想法都差不多的時候，就沒有人深入思考了。

特拉斯就是這樣。特拉斯自承，她的問題出在基礎還沒夯實，就急著推出政策。批評者則指出，真正問題出在特拉斯團隊堅信意識型態正確所展現的傲慢。她周圍的人都是保守右派，並靠右派智庫經濟事務研究所添加柴火，同時推出他們認為對的政策。然而這個政策卻與市場脫節，與人民需求脫鉤。

特拉斯在制訂政策時，刻意閃避了預算責任局的監督；而夸騰財務大臣上任第一天，也開除了富有經驗的首席文官史考樂。

甩掉這些專家的束縛，特拉斯團隊希望可以捲起袖子，按照自己的意願來幹。偏偏團隊又太年輕沒有經驗，以致經濟一團混亂。夸騰自己就沒有提過任何經濟預測與政策藍圖，無法讓老百姓對他的政策藍圖心裡有個底。

英國政治評論者指出，少了這些專家站在前面，特拉斯團隊也少了保護自己的緩衝帶。如果政策出了任何問題，他們就得自己面對，承擔後果——就是特拉斯與夸騰都破了「任期最短」紀錄。

#第三位英國女首相砸鍋　#減稅政策的失誤
#政策髮夾彎　#英鎊幣值應聲倒地　#最短命財政大臣
#小圈圈裡的決策　#特拉斯啟示錄

04 「英國川普」強生的下台啟示錄 三年「混亂時代」留下無解經濟問題

英國首相真的這麼難當？爭議不斷，還被譏為「英國川普」的強生，民粹式的領導風格，終於在黨內議員的逼宮下，黯然下台。只是「混亂的強生時代」還是留下了些政治遺產，但最難解的經濟問題，恐怕才是讓繼任者最頭痛，也是人民最關切的議題了。

當了三年的英國首相，在二〇二二年七月七日強生黯然下台，但其中過程相當戲劇性。下台前一個月，他才有驚無險地度過黨內議員逼宮的不信任投票。按規定，黨內「倒強生派」一年內不得再提此案。

但要「逼宮」，又豈止不信任投票一途？

於是乎，七月初，為抗議強生的政策，先是當時的財政大臣蘇納克、衛生大臣賈維德相繼辭職，引起對強生早已不滿的閣員群起效尤，幾十個官員雪崩式的掛冠求去。頑童強生在此壓力下一時之間竟也不知所措，先是罕見地道歉，再則惱羞成怒開革前來勸退的盟友，兩天後，最終挺不住黯然下台。

脫歐問題沒有全盤規劃，傻傻向前衝惹議

強生的問題，出在他民粹式的領導風格。

在脫歐問題上，他帶著英國往前衝，但卻沒有通盤的政策規劃，所以政策混亂，前後矛盾，和歐盟關係不睦，在北愛邊界問題上也出爾反爾。

加上他恃才傲物，又識人不明，致使保守黨內醜聞頻傳。可是不管是他自己的醜聞（如派對門），抑或黨內高幹的醜聞，只要爆發出來，強生的ＳＯＰ都是先否認或稱不知情，擋不住之後才被迫認錯。

保守黨的形象與支持度因此不斷下滑，黨內怨聲不斷，強生也因此終於下台。

繼任者的兩難，既要減稅又增加支出

強生在二〇一九年國會大選時，憑藉帶領英國脫歐的勢頭，為保守黨打下大片江山，大勝工黨八十席，甚至攻進了工黨的鐵票區。這也是為什麼他在黨內逼宮時大喊，他有人民付託，怎能被逼下台？直到閣員提醒他英國是內閣制，與美國不同，他才不得不接受事實。

好歹他對繼任者還是有些影響力，像是想要角逐黨內大位者便面臨了兩難：如果要守住強生戰績，維持英格蘭北部工黨鐵票區的支持，就必須增加政府支出，帶動北英格蘭建設升級，這樣才有可能在全國大選獲勝，這可能需要增稅；另外要在黨魁選舉勝出，卻又必須顧好保守黨基本盤，而那些在英格蘭南部、年長的、經濟情況比較好的黨員，希望的是減稅。

在英國經濟衰退的情況下，想要兩者兼得，既減稅又增加支出，只有擴大政府借貸，這也是強生的主張。但當時的財政大臣蘇納克反對，認為這是飲鴆止渴的短線做法，因而掛冠求去。

強生的政治遺產，繼任者難翻轉

強生當然也留下一些政治遺產，繼任者很難翻轉。

一是退出歐洲單一市場，繼任者很難重返。英國和歐盟的關係會更好，英國和愛爾蘭的關係相信也可以找到解方。強生撕毀和愛爾蘭共和國舊邊界問題達成的協議，拜登曾表示會對歐洲造成不安。隨著強生離去，這個憂慮也獲得緩解。

二是強生也大力建軍，希望增加英國在國際的影響力。一般認為繼任者對此也不會翻轉。過去強生為轉移國內對他的批評，在俄烏戰爭上頻頻發聲挺烏克蘭，讓澤倫斯基感動地直呼他「英雄」，繼任者就算不是英雄，挺烏政策應該不會變。

當然，對英國人民而言，最關心的還是經濟。保守黨執政十二年，通膨嚴重，工資未漲，城鄉差距擴大，都累積不少民怨。而這些都是繼強生後上台的新黨魁蘇納克，也是英國歷來最年輕首相的功課了。

#尷尬的政治頑童　#被自家議員逼宮
#澤倫斯基口中的英雄　#繼任者的兩難
#經濟問題求解　#英國川普　#強生啟示錄

05 東地中海天然氣利益爭霸戰 以土耳其為中心，形成三個外交同心圓

東地中海的領土衝突，因為天然氣的發現，延伸到海上。在這場能源大戰，各國紛紛繪製自己的「地圖」，互不相讓。尤其是俄羅斯天然氣進入歐洲的重要能源走廊的土耳其，更希望藉此成為裏海、地中海地區以及中東的能源中心，聯手法國軍演壯大聲勢。

東地中海的領土衝突，原是希臘、土耳其與塞浦路斯的家務事。直到二〇一五年八月，義大利埃尼集團在這塊海域發現天然氣之後，情況才開始改變。

義大利根據西班牙塞維利亞大學受歐盟委託繪製的地圖，聯合塞浦路斯、埃

及、以色列、法國一起開採海底天然氣，最後在埃及液化後輸往歐洲。這張「塞維利亞地圖」將土耳其在東地中海的利益，包括塞浦路斯北部土裔塞浦路斯的利益，完全排除在外，自然讓土耳其非常憤怒。

天然氣利益衝突，東地中海鄰國拉群組

土耳其是俄羅斯天然氣進入歐洲的重要能源走廊，也希望成為能源大國，東地中海的天然氣也早在其關注之下。

塞維利亞地圖排除土耳其利益，土耳其若根據《國際海洋法公約》加以駁斥，當可扳回一城，偏偏土耳其又不是海洋法公約的簽字國，於是她聯合同為東地中海國家的利比亞民族團結政府，畫了張「安卡拉—的黎波里地圖」，平分了東地中海的利益。這回輪到她把希臘克里特島的利益排除在外了。

於是，希臘以牙還牙，二〇二〇年八月六日和埃及簽了類似劃分東地中海海域的協議。幾天後，土耳其報復，派出軍艦護衛其海洋探測船進入東地中海海域。法國也跟著派出軍艦到東地中海馳援希臘，緊張情勢於是開始螺旋般升高。

緊接著，希臘和法國索性在東地中海舉行聯合軍事演習，抗議土耳其派軍艦護

航海研船進入爭議海域進行探勘。

紛擾之中，每兩年舉辦一次的歐盟外交事務委員會（簡稱歐盟外長會）八月二十七日在柏林舉行，這場非正式會議，便討論降低東地中海緊張的可能做法，避免衝突真的升高引爆戰爭。

從地緣上看東地中海，三個同心圓政治

當前地中海、北非一帶，以土耳其為中心，其實可以畫出遠近三個同心圓。東地中海是第一個圓，黑海是第二個圓。

二〇二〇年中，土耳其先是在黑海「多瑙一號」天然氣田發現的天然氣儲量，比塞浦路斯海域還多。因此總統艾爾多安提出，二〇二三年土耳其百年國慶時可以開始供氣。有學者指出，黑海沿岸的國家也都在觀察土耳其開採的結果，大家都想團結起來，和俄國談個更好的價格。所以在黑海，土耳其反而可以串起一個合作對俄談判的平台。然而，德國商業銀行卻指出，天然氣礦藏從發現到正式供應，通常得花上十年，因此對此說法抱持懷疑態度。

至於第三個同心圓，是利比亞。利比亞因為內戰，分成東西兩個政府。土耳其

派兵支持的是西部的民族團結政府，埃及、沙烏地、阿聯酋、法國、俄國等支持的是東部的國民軍。

把三個同心圓放在一塊，會發現問題其實不是那麼難解。美國剛在利比亞調停達成停火協議，也劃出緩衝區，可見利比亞和東地中海是可以脫鉤的。其實即便沒有脫鉤，在東地中海，法國和義大利是站在同一邊對抗土耳其，但在利比亞，義大利和土耳其又都支持同樣的民族團結政府，這就有談判合作的空間。

完全排除希臘克里特島在地中海的利益將會是一條紅線，土耳其一旦踩上，美國就很難幫她了。但是土耳其只是將其作為籌碼，並沒有跨越，也留了迴旋空間。西方把土耳其逼得太急，怕她會倒向俄國，但當土耳其想拿黑海天然氣為籌碼向俄國施壓時，也不可能對俄國百依百順，這讓西方又有了切入談判的空間。所以衝突不是不能解，就看各國的耐性與智慧了。

#東地中海領土衝突　#黑海有天然氣

#塞維利亞地圖　#安卡拉—的黎波里地圖

#俄天然氣進入歐洲能源走廊　#三個外交同心圓

06 非洲恐怖組織再起「連動」全球

法國反恐不利，馬利引俄傭兵助陣

國際事件的連動，往往出人意表。恐怖組織自非洲再起，法國出兵力挺，只是恐怖組織愈反勢力愈大，馬利人只好請來俄國傭兵瓦格納組織，中國也在聯合國高舉支援倡議。非洲反恐不是非洲議題，而是全球的議題。

國際政治上許多事件的發展都是連動的，法國於二〇二二年二月十七日宣布自西非的馬利撤軍，便可清楚看出。

馬利原是法國殖民地，一九六〇年獨立。二〇一三年深為恐怖組織與北方分離勢力的叛亂所苦，遂邀請法國派兵助其反恐。基於兩國的歷史淵源，以及六千名法國僑民尚在馬利，法國派出五千名反恐部隊，到馬利展開名為「新月沙丘」的反恐行動。

恐怖組織非洲再起，法軍助馬利反恐

馬利的恐怖分子，除了本土的伊斯蘭極端組織之外，主要是在中東敘利亞挫敗的ＩＳ和蓋達組織，轉進到非洲撒哈拉沙漠南部這塊狹長的薩赫爾地區準備東山再起。這就是前述所謂的「連動」。

ＩＳ在敘利亞挫敗但未被消滅，他們開始到不同區域發展，找到原先就有衝突的地區寄生，在各派衝突的夾縫中漁翁得利，壯大自己。其中一支進入阿富汗和塔利班搶地盤。塔利班之所以會和美國達成撤軍協議，原因之一就是為了騰出手來全心對付ＩＳ。另一支就是進入馬利。

馬利北部的分離主義武裝勢力，在「阿拉伯之春」（編按：二〇一〇年自突尼西亞發起，迅速蔓延阿拉伯世界的一次革命浪潮）的時候，被利比亞格達費找去當傭兵鎮壓革命群眾。

格達費因為是軍事政變出身，故對軍方極不信任，他把軍隊分成三支相互牽制，更從國外引進傭兵以確保忠誠。馬利的傭兵信奉伊斯蘭教，又不會講阿拉伯話，鎮壓革命勢力完全不手軟，正是最好的選擇。

格達費敗亡後，傭兵帶著利比亞的武器與作戰經驗回到馬利，茁壯了分離主義勢力，在二〇一二年擴大武裝叛變。這又是兩個國際事件的「連動」，也才有了二〇一三年法國派兵進入馬利。

國際聯合反恐效果不彰，俄傭兵也被請來

馬利的反恐當然不是馬利一國的事，因為這是國際聯合反恐行動的一部分，ＩＳ和蓋達的活動範圍也不局限於馬利。查德、尼日、布吉納法索、茅利塔尼亞加上馬利，亦即「薩赫爾Ｇ５」的成員，也派出五千名部隊加入反恐。歐盟幫馬利訓練部隊，英國用作戰直升機支援法軍，美國在尼日有兩個無人機基地，提供情報支援與訓練，聯合國也有一萬兩千名的維和部隊進駐。

驟然擺出這樣的陣仗反恐，恐怖組織卻愈反愈壯大。因為非洲當地情勢太複雜，氣候變遷帶來沙漠化，族群部落之間原本就有歷史宿怨，現更因爭奪水源與牧

地而衝突日益激烈；加上黑幫的人口走私，軍方的強勢干政，使薩赫爾地區政變頻仍，在在都讓法國主導的反恐行動疲於奔命，徒勞無功。

馬利軍民也對法軍反感日升，二〇二〇年政變上台的軍政府更表示，法國既然無力反恐，那就找別人來幫忙。他們引進的是俄國的傭兵瓦格納組織。

人們將瓦格納與美國的黑水公司相提並論，在烏克蘭東部幫助親俄分離勢力對抗基輔的就是瓦格納組織。只是，要把法國和俄國傭兵招攬一起，幫著馬利的軍事獨裁者反恐，不但法國援助馬利的物資可能被拿去養俄國傭兵，還要讓法國承受馬利民眾反恐不力的噓聲，馬克宏當然忍不下這口氣，這才宣布撤軍馬利，轉進尼日。

法國在西非反恐頓挫，俄國勢力進入，但別忘了，中國跟非洲關係也非常緊密。中國駐聯合國大使張軍就在安理會提出，要大力幫助非洲國家加強反恐能力建設的倡議，顯然中國也要出手了。**非洲反恐不是非洲議題，而是全球的議題。**

#法自馬利撤軍　#恐怖組織愈反愈壯大
#法國物資養俄傭兵　#瓦格納組織前來助陣
#中國也喊聲支援　#薩赫爾G5

歐非關鍵事件簿時間表

2023.05.28 土耳其總統大選第二輪投票艾爾多安勝選

2023.04.05 國總統馬克宏和歐盟執會主席范德萊恩訪中

2022.10.20 英國首相特拉斯宣布辭職下台

2022.09.30 俄羅斯總統普丁宣布兼併烏東四州@俄羅斯

2022.07.21 義大利總理德拉吉二度請辭獲准

2022.07.07 國首相強生辭去首相職務

2022.04.01 歐洲理事會主席米歇爾和歐洲執委會主席范德萊恩分別與李克強和習近平舉行視訊峰會@ Online

2022.02.24 俄羅斯與烏克蘭間的衝突正式白熱化為全面戰爭@烏克蘭

2022.02.17 法國宣布自西非馬利撤軍

2022.02.03 土耳其總統艾爾多安和烏克蘭總統澤倫斯基會談@烏克蘭

2022.01.21 美國國務卿布林肯再次與俄羅斯外長拉夫洛夫會談@日內瓦

2021.11.11 白俄羅斯總統盧卡申科揚言切斷波蘭天然氣供應

2020.08.27 歐盟外交部長舉行兩年一次非正式會議@柏林

Part 4

美亞對弈

第八章

美洲脈動瞬息萬變

美國是世界上最強大的國家，她的一舉一動，輻射出去的漣漪效應，都會影響到全世界。美中對峙的態勢，在本書總前文〈世界走到新格局〉中已經談過，現在關注美國的內政。因為美國的內政與黨爭，也直接影響到她的對外行為。

川普當選總統後，讓人驚覺美國民粹勢力的抬頭。不是川普激起了民粹，而是民粹的力量把川普送進了白宮。這個民粹的浪潮也一路激盪到大西洋彼岸的歐洲。

如果川普民粹只是短暫的現象，我們可以把川普主政不按牌理出牌的四年稱為「川普之亂」；如果川普再度當選，或一些比川普更川普的民粹政治人物登上了政治舞台，那就不是浪花拍岸的川普之亂，而是像洋流一樣，成為美國政治深層勢力的「川普現象」了。這樣的美國，會如何對世界造成衝擊？

美國民主共和兩黨最大的差別是，民主黨主張大政府，共和黨主張小政府。因為主張大政府，所以民主黨要增稅；共和黨認為政府管得愈少愈好，所以要減稅。

拜登政府和中國的晶片戰爭開打以後，美國不再採取自由放任的經濟政策，而是由政府出錢補貼發展半導體，這根本就類似國家資本主義了。就這點來看，美國社會在民主黨主政之下，已經愈來愈左。

另一方面，川普任內將最高法院的大法官名額補滿，現在美國最高法院大法官中，有六位是川普提名的保守派，三位是民主黨提名的自由派。保守派大法官因為擁有人數優勢，在碰到重要案子時，每每都能獲得勝利，讓美國在許多政策上愈來愈保守，愈來愈右。如此一來，拜登要免除低收入戶學貸負擔的競選政策就無法實現，墮胎、同性婚姻等問題上，也都是保守的意見勝出。一左一右，美國就呈現這樣的分裂現象。

在外交上美國似乎也不像過去那樣可以隨心所欲，這點台灣應該感觸最為深刻，過去很多對外關係，可以說都是美國幫我們保住的。結果這些跟我們有邦交的小國，現在愈來愈不買美國的帳。例如，南太平洋過去是美國的勢力範圍，但是南太平洋小國索羅門還是跟台灣斷交了；中美洲的宏都拉斯有美國基地，也跟我們斷交了，美國想勸都勸不住。為什麼會這樣？

當然，台灣的邦交國要斷交，是我們自己努力不夠，不能怪美國。只是從客觀角度來看，美國對這些國家的影響力式微，也是有目共睹的。這樣的權力消長，會有什麼長遠的影響？

拉丁美洲的情勢也很值得觀察。巴西總統魯拉重新出山，在當過兩任總統之後，再次出馬，又再度當選。過去我們常講，為什麼許多強人都交不了棒？因為他們都有「捨我其誰」的使命感，都認為有未竟的志業，也都認為其他人比不上自己。強人因此不斷連任，阻礙了新人的上台，也讓自己的集團逐漸腐敗。中國的習近平、俄國的普丁、土耳其的艾爾多安、柬埔寨的洪森，都是典型的例子。

魯拉雖是再度出馬競選而獲勝，不是戀棧連任，但那捨我其誰的使命感是一樣的，只是今天的巴西不再是他當年主政時候的巴西，今天的世界也不是當年的世界。這時的魯拉，是困惑還是挫折？我們也很想知道。

01 「非零和」大國外交眉角 技術鋪陳有講究，不愉快也能會面

大國關係有衝突也有合作，雙邊都是非零和的互動。以世界兩大經濟體中國和美國來看，即使彼此再不和，也可以找到重疊的利益所在。中俄關係也是如此，只是競合的程度或許不同。至於小國的外交政策，則必須更彈性，避免單押一國，成為唯一輸家。

中美兩國是世界最大的兩個經濟體，雙邊關係是非零和的，彼此不可能真正脫鉤，也不可能永遠相抗。

更何況兩國之間雖時有衝突，但可以合作的地方也很多，包括氣候問題、北韓問題、貿易問題，都是兩國之間可以找到重疊利益的所在。兩國之間有衝突有合

作；劍拔弩張，但也有溝通管道，已經變成正常的「大國外交模式」。

這也就解釋了，為什麼兩國不愉快，還是要見面。

大國外交表現之一：動作與技術層層鋪墊

舉例來說，二〇二一年夏天美國副國務卿雪蔓到中國訪問，在天津先與大陸外交部副部長謝鋒會談，然後會見外長王毅。

之前兩國為了雪蔓訪中，所見到大陸官員的「層級」問題，差點讓訪問破局。後來北京以「會談」、「會見」的文字遊戲解局，美國則以在新聞稿中只提到「王毅等」官員解題，並強調這是雙方坦誠交換意見，並非正式談判。在彼此都宣稱沒讓步的情況下，乃有了雪蔓天津之行。

前述是外交技術的操作，但在高一層次的外交動作上，雙方也都有軟有硬做了一些宣示，為的是給對方看，也給自己內部的鷹派看。

雪蔓訪問中國之前，美國指控中國駭客攻擊微軟，也提醒美國企業到新疆與香港投資的風險，一架行政專機更突然在二〇二一年七月中飛抵台北遞送一份文件。這都在給中國施加壓力。

在這同時，美國也安排國安會印太事務協調官坎貝爾公開宣布，不支持台獨。中國方面，則在雪蔓抵達前，宣布動用反外國制裁法，制裁美國六個前朝官員和一個組織。等這些防衛動作各自擺好，雙方才在天津坐下來會談。

拜登與習近平緊接著在十月的G20峰會期間舉行雙邊會談，需要雪蔓到中國做前期的鋪墊，所以才有從外交戰略，到外交動作，到外交技術的一系列鋪陳。

大國外交表現之二：挪動一下彼此權力的天平

第二個大國外交事件，與上述事件時間相近，也是二〇二一年七月，美國宣布，不反對德國與俄國之間北溪二號天然氣管的修建。白宮官員的說法是，北溪二號即將完成，年底就要開始營運，這時反對它興建是沒有意義的。北溪二號長七百五十英里，從俄羅斯直接拉天然氣管走波羅的海海底到德國，繞過波蘭和烏克蘭。俄國輸德的天然氣將增加一倍，但波烏兩國也因此少收了天然氣管的過路費，還可能受到俄國中斷供氣的威脅。

為降低北溪二號的衝擊，德國、俄國兩國同意繼續支付烏克蘭過路費直到二〇二四年，還可能再延長一年。美、德也將設立十億美元的基金，由德國管理，幫助烏克蘭能源轉型。兩國也承諾，一旦俄國威脅到波烏安全，將對俄進行制裁。

北溪二號的意義在哪裡？在德國走出自己的外交政策，俄國因此分化歐盟，美國也以此拉攏了俄國。在美中俄的棋盤上，稍微挪動了一下權力的天秤。

這就是今天的大國關係，有衝突也有合作。那麼中俄之間難道就真如北京說的關係那麼好嗎？就沒有深層的猜忌嗎？也未必。中俄在中亞、緬甸、烏克蘭，很多政策都未必合拍，所以他們一樣也會是有衝突有合作的大國關係。衝突與合作的程度或許不同，但雙邊關係都是非零和的。

在這種情況下，小國也要跟著旋律，在外交政策上做彈性調整，將全部籌碼單押一國，最後恐怕會成為唯一的輸家。

#大國外交的眉角　#外交動作要到位　#外交技術要高明

#小國的彈性外交　#挪一下權力天秤

02 後新冠，美國能重回領導地位嗎？美歐多邊外交整隊再出發，卻同步不同調

新冠疫情打亂全球秩序，封城、鎖國……，隨著疫情的流感化，全球外交開始活絡。從美英的峰會到G7，無不磨刀霍霍。只是時代已經變了，不管是拜登想要重建的世界領導地位，或者英國盤算的「全球不列顛」，一切都回不去了。

新冠疫情剛開始時，全球被驚嚇得無法動彈，待疫情趨緩，各國互動也重新啟動，活絡起來。

歐美進行第一場的「實體」峰會，是從二〇二一年六月十日的美英峰會揭開序章，簽署新大西洋憲章，重申英美特殊關係開始。緊接著，延續出一系列的外交大

戲，包括G7峰會，再到北約峰會、美國與歐盟的峰會，然後到美俄峰會，看得人目不暇給。

久未見面的元首們似乎都特別喜歡拍對方背部以示親近，無論是美國總統拜登輕拍英國首相強生的背，還是法國總統馬克宏輕拍拜登的背，都和數年前美國前總統川普雙手抱胸，怒懟各國元首的畫面形成鮮明對比。

美歐以疫苗外交作為起手式

拜登想要傳達的是，美國回來了，美國還是擁護多邊主義的。但多邊只是形式，拜登想要重建的是西方在世界的領導地位。可是時代已經變了。

一九七〇年代，G7成立之初，七國的GDP占世界八〇%，現在只占了四〇%。所以川普曾說，G7根本是過時的產物。為了證明G7續存的價值，也為了證明英國脫歐之後，可以「全球不列顛」的姿態昂首闊步，英國首相強生還邀了韓國、印度、澳洲、南非一起與會，擴大峰會的代表性。

拜登這邊也做足充分準備。

首先，在美英峰會上，拜登宣布要對全球捐出五億劑的新冠疫苗，而且不附帶任何條件，作為外交強勢復出的起身砲。強生也表示，G7一共要捐出十億劑疫苗，以同樣的疫苗外交，與中國較勁的味道至為明顯。

同時為了證明西方能領導世界，美英兩國還宣布將建立全球疫情雷達，加強對疫情的監測，在疫情流行一百天內，就能對各國提供安全、有效、可負擔的疫苗，以及診斷與治療的方法。

在基礎建設方面，G7也表示要推動全球基礎建設，以永續、重視勞工與環保要求，與中國的一帶一路分庭抗禮，讓第三世界國家有另一個乾淨的綠色選擇。

「康瓦爾共識」背後的新價值認同

G7峰會在英國的康瓦爾郡舉行，一個「康瓦爾共識」逐漸浮現。英國《金融時報》就整理出五個共識值得我們關注：

第一是包容，因為過去全球化的好處並非各國一體均霑，許多衝突也因此而生，所以現在多強調包容。英國首相強生強調世界各國「一起」重建，背後的價值就是包容。

第二是韌性，尤其供應鏈被打亂之後，各個企業都需要有韌性。連北約官員都強調，北約在因應未來的威脅時，要有足夠的韌性。

第三是分散供應鏈。

第四是企業與政府的關係應為夥伴關係。

第五是經濟學必須重新定義，從專注計量轉為重視環保、健康與社會，而不是像過去一樣將這些視為外部因素。

這幾個新的共識，也將影響到各國今後經濟與投資的走向。

了解前述的大背景之後，再去看美歐重新整隊再出發的細節。不難發現，大趨勢之下還是有很多摩擦與歧異。

英國要在全球舞台闊步，但北愛爾蘭的問題以及貿易問題，與歐盟的衝突依然未解；法國馬克宏想領導歐洲，但他強調戰略自主，與美國未必同調；拜登想聯合歐洲對抗中國，但歐洲不願將中國定義為敵國，德國也反對在宣言中特別針對中國；拜登想團結北約，但東歐對美俄接觸仍有疑慮。更重要的是，歐洲一直擔心，拜登應是美國最後一個大西洋主義者了，拜登之後的白宮新主人，會一樣重視美歐關係嗎？

綜觀美歐關係重建，有企圖心，也有可期待之處。但時代畢竟不同了，過去不可能複製，新的價值共識浮現，新的挑戰也等在前面。

#美國回來了 #一切都回不去了 #全球不列顛 #疫苗外交 #康瓦爾共識 #槓上一帶一路

03 拜登上台重啟美國「新談判時代」伊朗核協議起手式，小國淹沒在悲觀潛流

拜登實現競選諾言，與伊朗「重返談判桌」，針對二〇一五年伊朗核協議進行討論。只是這次美國不直接參與談判，加上伊朗先前設定了談判的先決條件，必須美國先解除制裁才願意重啟對話，所以變成兩邊隔空各說各話，沒有交集。

美國總統拜登上台後，便積極處理的還有伊朗核協議，二〇二一年二月十八日宣布加入歐盟與伊朗對話。做為見面禮，美國撤回了要求安理會重對伊朗制裁的請求，也解除了伊朗官員進入紐約參加聯合國活動的禁令。這些都是拜登在競選時就宣布的政策，外表看似只是一一落實，但其中卻有很多細節值得玩味。

以「客方」加入歐伊對話，太間接

一是談判的形制，它是美國加入歐盟與伊朗對話，美國只是「客方」，不是美國直接與伊朗對話。這個方式讓美伊雙方都比較容易找到進入談判的下台階。尤其伊朗先前設定了談判的先決條件，必須美國先解除制裁才願意重啟對話，現若棄先決條件於不顧將很難自圓。

何況重啟之際，伊朗面臨總統大選，宗教領袖何梅尼在這個當口，會給美伊談判多少「祝福」誰也不知道，所以伊朗和包括美國與歐盟在內的集體進行對話，自然是比較穩妥的方式。

自川普二〇一八年退出伊核協議後，馬上就對伊朗追加了制裁，希望用經濟壓力逼伊朗重啟伊核談判，但伊朗沒有屈服。伊朗表示，除非美國取消這些制裁，否則伊朗將禁止國際武檢人員進到伊朗未公布的核子設施做不定期檢查。

伊朗給的期限，就是美國宣布重啟談判後三天。美國不希望給人一種之所以重啟談判是回應伊朗要求的感覺，因為果真如此，美國勢必得先解除制裁才行。所以美國表示重啟談判與伊朗給的期限無關，也沒準備做出任何讓步。

一些學者建議，在不解除制裁的情況下，美國還是可以帶一些伴手禮，比如幫助伊朗取得ＩＭＦ的五十億美元的疫情緊急紓困基金，就有助於打破僵局。

但在談判議題方面，美國和伊朗目前還是兩條平行線。國務卿布林肯說，美伊談判的議題，將擴及伊朗的飛彈、伊朗對恐怖分子與對敘利亞小阿塞德的支持，但伊朗說這些原本都不在談判桌上，不願意談。

伊朗表示，當初是川普自己先違約退出伊核協議，如果美國要回來，必須先同意伊朗可以對外賣油，並且讓伊朗的銀行體系可以在全球操作，伊朗才願意重啟談判。兩條各說各話的平行線如何交會，還有待雙方的努力。

大國改變政策，小國只能緘默觀望

更值得看的是以色列、阿聯，甚至沙烏地，各是什麼反應？這些都是伊朗的敵國。在大國改變政策，小國沒有話語權的情況下，他們只能沉著應變。

這是觀察小國外交時很重要的切入點。不難發現各國都很安靜，《紐約時報》說，安靜下面有一股被掩蓋的悲觀潛流，但目前表現都是自我克制，並沒有直接批評美國。他們發現面對此一外交變局，只能更有建設性地與美國交往。美國要解決問題，自己必須變成解決方案的一部分，而不是成為新的問題。

以色列說他們也不反對美伊談判，但是希望談出比前次更好的結果。沙烏地說，希望美國在談判時能信守承諾，照顧到海灣國家的利益。阿聯酋說他們只能信任美國新政府，其他別無選擇。也許他們還會在檯面下進行遊說，希望美國在談判時對伊朗能強硬些，但是「不能對抗美國政策，就融入美國的政策」，似乎還是小國的宿命。

由此觀之，美國的中東新政策能產出什麼樣的結果？在面子、裡子兼顧的情況下，美伊談判又如何「虛實並用」？

#美國新談判時代　#重啟伊核談判　#美伊不直接談判
#美國準備的伴手禮　#解除制裁為前提
#小國的宿命　#安靜的悲觀潛流

04 美國史上最高兩兆美金救經濟 新冠衝擊「錢」所未有，每個決策都是「試誤」

「非常時期的非常決策」，用來形容新冠疫情期間，各國所面臨的狀況與解決方案，最貼切不過。美國在「小羅斯福總統」的帶領下，挺過了經濟蕭條與二戰；全球面臨新冠的奇襲，各國領袖也被逼出領導風格。

九一一之後，人們面對了過去從未發生過的大規模恐攻威脅。當時美國國防部長倫斯斐，在記者會上說出了到現在還在流傳的名句。他說，我們所面對的，有些是「我知道我知道的」，有些是「我知道我不知道的」，有些是「我不知道我不知道的」。

新冠肺炎顛覆了多少舊秩序，我們面對了太多「我不知道我不知道」的事物。這不是一兩隻「黑天鵝」的事，也不是簡單用數學機率就可以應付的「風險」，而是在政策與可能的結果之間，存在太多太多的「不確定性」。面對這個被學者稱為「激烈的不確定」時代，誰也沒把握說誰的決策一定對。

危機時刻，不是每個人都可以當小羅斯福

美國總統川普在二〇二〇年三月下旬，便簽署了史上金額最大的經濟振興方案，總金額超過兩兆美元。紓困方案改變了政府與民間企業的關係，一些美國人就苦笑：睡覺前我認為我在資本主義的美國，一覺起來紓困方案過了，我發現原來我在社會民主黨主政的歐洲。

事實上，若加上其他國家的紓困方案在內，全球投入振興經濟的金額已經超過七億美元，而且還在繼續增加中。這些「金額」到底有多少效用，誰也不知道。因為這是非常時期的非常決策，都是一種試誤。

誠如在抗疫過程中，我們看到有主戰的、主和的，還有不同風格的領導。哪一種堪為表率，也只有等待歷史證明。

一九三〇年代美國經濟大蕭條時，誰也拿不出一個救市的特效藥。當時的小羅斯福總統在各種壓力下，就他認定或可行的方案一一嘗試，有些放棄，有些堅持，有些則乾脆讓幾個脾氣暴躁的人來主事，萬一失敗，也有個擋箭牌好把責任推給他。不過史家一般還是認為，小羅斯福是非常能幹的總統，因為他帶領美國走過經濟大蕭條，走過第二次世界大戰。

不確定環境之下的非常決策，當然不可能是純理性的，也少不了各方勢力的角力與折衝妥協。大蕭條時代如此，現在更是如此。

以兩兆美元的經濟振興方案為例，誰有資格拿這些錢？拿多少？誰來分這筆錢？這是種個人的失業救濟，還是企業的紓困？每一個細節都需要談判。

兩兆美元推手，到底做了什麼？

由於大環境充滿不確定性，所以每個參與辯論的人都認為自己是對的，七嘴八舌之下，經過折衝妥協，最後才像拼圖一樣拼出一個兩兆美元的紓困方案。當時的美國財政部長穆努欽，就是兩兆美元背後的談判功臣。綜合各方看法，穆努欽與民主黨參議員談判紓困方案能夠成功，有幾個關鍵點：

第一，他知道什麼時候該讓給民主黨。「贏者不全贏，輸者不全輸」是談判成功的關鍵。

第二，他清楚知道川普要什麼。小地方他代表川普讓步，但大的地方一定把功勞留給川普。他謹守川普發言人的角色，從不僭越成為決策者。這讓川普對他有了高度的信任。

第三，他也知道川普身邊有共和黨大老對他不滿意，所以他說服川普盡快批准紓困方案，以免夜長夢多。

第四，在談判過程中，他累積自己的實力，並且讓財政部保有分配五千億美元經費的權力。於是人們發現，過去小看穆努欽了。他能讓兩極化的國會達成共識，這個能力也成為他日後更上層樓的政治資本。

只是隨著新冠疫情的解封，川普與穆努欽的下台；拜登的上任也提出新的紓困方案，新財政部長葉倫是否能夠搶救因為疫情而倒退的經濟，仍有待時間證明。

#激烈的不確定時代　#小羅斯福挺過經濟大蕭條
#美國史上最高紓困金　#兩兆美元經濟振興方案
#幕後功臣穆努欽

05 麥卡錫選上眾議院議長
為登上位，獅子寧拔爪子與牙齒

原本說要訪台，後來在加州與蔡英文總統會面的美眾議院議長麥卡錫，為了選上議長可是犧牲很大，成為史上最弱勢的議長。麥卡錫做了過多讓步，幾乎無法制衡極右派，今後凡是和民主黨有任何妥協，都可能遭到極右派掣肘。

現任美國聯邦眾議院議長麥卡錫，昔日為了拿下議長大位，可是卯足全力，甚至創下美國一百六十四年來首度最難產議長的紀錄。

經過十五輪投票，麥卡錫於二〇二三年一月七日清晨如願登上議長寶座。而共和黨的分裂，為美國政治埋下不定時的炸彈，麥卡錫的上位過程，更是研究談判與領導的絕佳素材。

靠攏川普，又被極右派牽制

麥卡錫說，他的最終勝利，在於他從不放棄。其實我們看到的，是他對權位的渴望。二〇一五年他就想角逐議長大位，但是沒有成功。當時他發現川普支持的極右派議員有影響投票的關鍵地位，於是開始向川普靠攏。

這樣的結果極右派議員並不買單，認為麥卡錫為了經營權位可以多年出賣自己，是「華府沼澤的最大鱷魚」，因此反麥卡錫不單是意識型態之爭，更是因為不喜歡這個人。

川普在麥卡錫投效之後，有為他出來喊話，呼籲共和黨議員票投麥卡錫，但是沒人理。美國評論家說，這批極右派議員的行為「非常川普」，但是，是「沒有川普的川普主義」。

這個美國政治現象值得注意，而川普叫不動川粉議員，更值得所有領導者警惕。當初曾國藩一手創立湘軍，最後發現也是指揮不動湘軍林立的山頭，情形與此有些許相似。

極右派議員若是共和黨內的造反派，俄亥俄州選出的議員喬丹就是叛軍頭子，過去經常領導叛軍挑戰黨的政策。這次眾議院議長選舉，極右派議員也推喬丹出來角逐，結果喬丹卻表示支持麥卡錫，並呼籲同仁一起挺麥卡錫。

叛軍頭子自己跳船，這是多戲劇性的變化。同樣的，其他極右派議員也不買單，幾乎誰都領導不了這些叛軍。

如果共和黨在期中選舉能夠大勝，讓大家口中的紅潮真的出現，麥卡錫就不會受到極右派議員牽制。但是共和黨只拿下兩百二十二席，比議長當選門檻的兩百一十八席才多四席，容不得太多跑票，這讓二十席極右派議員有了勒索的籌碼。

大權旁落，成最弱勢議長

在十幾輪投不出議長的投票過程中，各種討價還價不斷進行。極右派要搶委員會主席，也要修改議會的議事規則，更要求為聯邦支出設立上限。為了議長大位，麥卡錫除堅持委員會主席要在議長選出後再討論外，其他幾乎都答應了。

這一答應非同小可，因為根據新的規則，只要有一個議員提出動議，就可以進行罷免議長的投票。之前麥卡錫讓步的版本，門檻是五人，結果現在只剩一人就可提動議，麥卡錫已經成為史上最弱勢的議長。

伊索寓言裡面有個故事：一隻獅子愛上樵夫的女兒。樵夫說我不能把女兒嫁給你，因為你有鋒利的牙齒和銳利的爪子，我怕我女兒生命會受到威脅。獅子說，你可以敲掉我的牙齒，拔掉我的爪子。樵夫照著做了。獅子說，那現在可以把女兒嫁給我了吧？樵夫笑著說，你沒了爪子和牙齒，我才不怕你呢！一斧頭就把獅子砍死了。

麥卡錫就像那隻獅子，為了議長大位做了過多讓步，後來幾乎無法制衡極右派。以後凡是增加國防預算、提高舉債上限，或和民主黨有任何妥協，都可能遭到極右派掣肘。麥卡錫是弱勢的國會領袖，極右派議員個個是自走砲，也沒領袖，美國國會從此多事，最後將無法避免地，也影響到美國在國際社會的領袖地位。

#麥卡錫的讓步　#最弱勢議長
#川粉議員　#為了上位被「卡」位
#極右派影響力大增　#愛讓人眼盲

06 巴西許下「三大願景」重回世界舞台 綠色能源當靠山，拉丁美洲再起有望

位在拉丁美洲的巴西，總統魯拉向來以全球南方國家的代言人自居，除了出手調停伊朗核危機，訪美、訪中更是馬不停蹄，重回國際外交舞台的野心不言而喻。儘管有著「綠色金屬」當靠山，但是他的「三個願景」是否能實現，決定了巴西強國夢能否實現。

巴西總統魯拉在外交上雄心勃勃。早在二〇〇三到二〇一〇年擔任總統時，就一直以「全球南方國家」的代言人自居，全力推動多極世界秩序。二〇二二年二次重返總統大位，便在二〇二三年四月大陣仗到中國訪問，隨行包括財務部長、外

交部長、環境部長在內的八名閣員，以及五個巴西東北貧窮州州長和上百位企業代表。此行浩浩蕩蕩主要有三個目的：一是提升中巴經貿關係；二是聯合中國一起調停俄烏戰爭；三是聯手中國共同打造新的地緣政治秩序。

中國在二〇〇九年就已成為巴西的最大貿易夥伴，但只集中在大豆、牛肉、鐵礦砂等少數幾項；而中國在巴西的投資也遠不及美國，只有美國的五分之一，還有很大的進步空間。

魯拉興致勃勃，帶領巴西再度出山

魯拉的外交野心，也展現在出手調停伊朗核危機一事。雖然伊朗核危機的調停沒有成功，卻依然興致勃勃。他認為，巴西之前在右派民粹的波索納洛擔任總統時，幾乎自絕於國際社會，現在他要領導巴西再次出山。

魯拉出山後，一是要調停俄烏戰爭，俄國外交部長拉夫洛夫也隨後訪問了巴西。二是要爭取巴西成為安理會常任理事國，拜登也同意推動聯合國改造，讓拉丁美洲和非洲都能在安理會有一個常任理事國的席位。三是去美元化，所以巴西與中國進行本幣交易，和阿根廷研擬推出「南美元」，也提議在金磚五國推出金磚貨幣。

但這些願景巴西大概都做不到。以調停俄烏戰爭為例，巴西根本沒有影響俄烏兩國的實力。墨西哥便曾提出「和平方案」，被烏克蘭一句「這是俄國方案」，就打了回去。如今巴西想要調停，但她與俄國同為金磚國家，又如何讓烏克蘭相信她是中立？至於要撼動美元的地位，以巴西的經濟實力與國際政治現實，更是一個遙遠的夢。

爭取成為常任理事國，改變國際治理的格局，在美中支持下也許有機會。但要和中國聯手打造一個足以挑戰美國的國際新秩序，巴西又沒這個實力。魯拉訪中前才剛到白宮見過拜登，可知巴西的外交是在美中之間維持平衡。這由魯拉訪問被美國制裁的華為，巴西外交部長趕緊發表聲明說這不是對美國挑釁，便可清楚看出。

「綠色金屬」正夯，德國蕭茲也積極到訪

其實巴西也不是完全沒有外交籌碼，因為拜「綠色金屬」所賜，整個拉丁美洲在國際經濟的地位正在提升。拉丁美洲擁有全球六〇%的鋰儲量，主要集中在智利、阿根廷、玻利維亞圍成的「鋰三角」。秘魯和智利又是產銅的兩個最大國家，巴西則有世界一七%的鎳儲量，這些都是發展新能源電池的核心材料。

中國在這些國家布局最早，關係也最深。美歐則急起直追，包括德國總理蕭茲於二〇二三年一月就接連去了阿根廷、智利、巴西。蕭茲也是魯拉就職後第一個到訪的外國領袖，更是十年來第一個訪問智利的德國總理。他主要去爭取綠色能源，更強調德國的合作計畫比他國更符合永續的標準，也為當地創造更多就業機會。當各國競相爭取拉丁美洲的時候，拉丁美洲的選擇就多了，美國對其掌控也愈來愈力不從心了。魯拉的夢想雖空虛，但拉丁美洲的地位在提升，這是趨勢也已是不爭的事實。

#安理會常任理事國　#全球南方國家代言人
#南美元　#綠色金屬　#鋰三角
#拉丁美洲的地位與選擇　#蕭茲趕著去巴西

07 全球南方，中型搖擺六國崛起
巴西、沙烏地、印尼入列，去全球化多元外交啟動

在「去全球化」的趨勢下，國際秩序的「破碎化」已是既定事實，不再只是美中大國說了算，沙烏地就是最好例證，在這些「全球南方」國家中，被稱為「搖擺六國」的中型國家，已經成為大國不容忽視的存在。

許多觀察家指出，在「去全球化」的趨勢下，世界變得愈來愈破碎；供應鏈重組，帶來「友岸外包」和「近岸外包」的趨勢，也讓許多屬於「全球南方」的中型國家崛起，成為區域貿易與金融中心。

這些崛起的全球南方國家，就有沙烏地、巴西、印度、印尼、南非和土耳其；這六個中型國家，有學者稱之為「搖擺六國」。這六國沒有意識型態的束縛，外交上更有彈性，在地緣政治與地緣經濟上的影響力日增，也成為美國、中國兩強爭取的對象。

烏克蘭總統澤倫斯基在前往日本廣島參加G7峰會演講前，先去沙烏地舉行的阿拉伯聯盟峰會演講爭取支持，就可看出中型國家沙國崛起的份量。

美國釋出善意，沙烏地仍主張多元外交

尤其美國國務卿布林肯也曾到沙烏地進行三天的訪問，和沙烏地談了伊朗、蘇丹、區域基礎設施，乃至沙國與以色列關係正常化等議題。訪問結束後隔天，美國、沙烏地同時宣布，在兩國調停下，蘇丹交戰雙方同意自二〇二三年六月十日早上六點起停火二十四小時。證明只要兩國願意，還是可以在共同關切的議題上合作，取得具體成果。

可惜大環境已經變了，美國和沙烏地之間的關係，已經不可能回到過去的熱絡。回顧二〇二二年七月，美國總統拜登硬著頭皮跑去沙烏地跟王儲MBS「碰拳」

示好，希望沙國能同意增產石油以降低油價，結果碰了個軟釘子。

沙國不但沒答應增產，反而以ＯＰＥＣ+的共識為由減產了石油，氣得拜登要沙烏地承擔後果，ＭＢＳ也私下表示不願再與美國打交道。事情沒過多久，沙烏地就以大陣仗迎來了到訪的習近平。

當然，美國最後並沒有讓沙烏地承擔任何後果，沙烏地也還是繼續與美國交往。**沙烏地要的不是在美中之間選邊，而是更多元的外交政策。**

這從布林肯訪沙前後，沙烏地的外交行動就可看出：ＭＢＳ在接見布林肯之前，熱情迎接被美國視為獨裁者的委內瑞拉總統馬杜洛；隨後，伊朗重開在沙國首都利雅德的使館，布林肯離開後，沙國還計畫舉辦一場阿拉伯與中國商界的重量級會面。

全球北方極力拉攏，改看全球南方臉色

沙國外交的獨立路線並不是個案。與這些「全球南方」相對的，是富有國家「全球北方」。

全球北方以美國馬首是瞻，但也開始想透過Ｇ７的架構與南方國家對話。中

國則希望以擴大「金磚國家」的方式，拉全球南方國家加入，與富國較勁。宏都拉斯宣布申請加入金磚國家新開發銀行，就是最好的例子。

但要搖擺六國完全追隨中國主導、俄國支持的金磚路線也不可能。六國還是有各自的獨立立場。唯一的例外是，如果美國與中國的對抗持續升高，一些學者也指出，最後在科技議題上，如AI、5G通訊、生物科技、量子運算等，六國可能還是會被迫在美中之間選邊。

國際秩序的「破碎化」已是無法否認的事實。在減少碳排放與對抗沙漠化等問題上，富國也需要全球南方積極參與。一些西方學者因此指出，美國現在需要的，不是個別拉攏特定南方國家，而是要有與整個全球南方交往的政策；當美國或北方國家要宣布任何政策前，也要先想想搖擺六國會如何反應。這些建議都很有道理，重要的是，北方國家必須先接受世界已經日趨多元的事實才行。

#中型國家　#搖擺六國
#沙烏地地位水漲船高　#美沙回不去的關係
#全球北方拉攏全球南方　#破碎的國際秩序

第九章

東亞戰略左右大局

繞了世界一圈，最後回到亞太地區。美國總統川普上台後，用了日本前首相安倍創的名詞，把「亞太」擴大成「印太」，構成從東北亞到印度洋的一道弧線，對中國進行圍堵，並拉了日本、澳洲、印度，與美國進行四邊安全對話。

但「印太」是美國的提法。印太四國由於地理的區隔，其實各有各的關切。像釣魚台的領土爭議，印度就不可能參進來在日本身邊幫腔助拳。美國當時拉攏印度，是要印度幫她照顧在阿富汗西方扶植的喀布爾政府。結果印度投入大筆資金，喀布爾政府還是垮台了，塔利班回朝，印度投資血本無回，造成後來印度在外交上才會愈來愈想走自己的路。

可見印太四國只是安全對話，真正的同盟，只有東北亞的美日、美韓同盟，以及新近建立的澳洲、英國、美國三國同盟。同盟關切的當然是中國在亞太地區的軍事企圖心，以及北韓金正恩可能的軍事冒進。

台海緊張是亞太潛在衝突的重中之重。台灣位於海權與陸權的交會，在美國（海權）與中國（陸權）勢力劍拔弩張的時候，最好就是把好舵，穩住方向，維持現狀。

可是台灣對於台海的情勢有多少話語權？台海情勢是鑲嵌在美中關係裡面的，所以台灣更該全神關注美中關係的變化，隨時根據這個變化，調整自己的大陸與外交政策。

中國應該也對當前的亞太情勢感到挫折：為什麼中國崛起之後，就算無心侵略，許多周邊國家仍把中國當成威脅？到底哪裡錯了？過去中共外事辦主任楊潔篪對此曾有「樹欲靜而風不止」的感嘆。許多學者也拿普魯士做類比，表示普魯士還沒統一日耳曼的時候，在外交上有很多迴旋空間，但一八七一年普魯士統一日耳曼，建立德意志帝國的時候，周邊國家一下子都把普魯士當敵人了。

中國的情形跟普魯士的處境完全一樣。就是因為太大，如果又變成太強，自然會是威脅。但中國的問題不只是因為太大或太強，更是因為中國的行為。當中國派軍機擾台，並圍著台灣進行軍事演習的時候，好戰的行為讓整個亞太都嚇到了。這才形成「天下圍中」的態勢。北京會從這樣的情境汲取教訓，慢慢修正她的行為嗎？還是她只想到要從一帶一路突圍？

習近平推一帶一路已經十年了，這是烙著習近平印記的「習氏招牌」政策。可是十年下來，一帶一路還跟當初推出時一樣順利嗎？它已經逐漸進入深水區，有人說現在快變成「一帶一路障」了。一帶一路可說是習近平輸不起的政策，因此遇到障礙，只能修正方向，修正得更精緻化，成為「一帶一路二．〇版」，放棄不可能。

朝核問題也是亞太的重要議題。北韓周邊國家真的希望朝核問題早日解決嗎？只要朝核問題存在一天，中國就一天擁有跟美國談判的籌碼，美國就有在黃海加強駐軍的理由，日本有繼續發展軍備的正當性，南韓也可繼續拉著美國。

可是到底誰有朝核問題的話語權？似乎還是美國，不是南韓也不是北韓。要不要用解除經濟制裁交換北韓棄核？北韓棄核是美朝談判的「前提」還是「議題」？也都是美國說了算。這就是國際政治的現實。

朝核問題和台海的緊張，關係著台灣的安居樂業。只有細品亞太情勢的發展，才不會讓我們在台海真有事時措手不及。

01 和平促進者VS秩序破壞者

習近平一人分飾二角，人前調停人後親俄

中國「成功」調停了沙烏地和伊朗復交後，規劃了一場「和平之旅」，更不忘為鄰近的俄國送暖，甚至把「習普會」包裝成為弭兵止戰而努力，要把習近平的人設從「秩序破壞者」變身為「和平促進者」。

自二〇一三年以來，習近平與普丁已經會面過四十次。然而，「中俄峰會」當然不能只放在「雙邊關係」的框架裡觀察，一定要拉高視角從國際政治的大格局俯視，才能見其全貌。

因為俄烏戰爭久而未決，中美關係又日漸低迷，因此，當二〇二三年三月二十日，習近平又到俄羅斯進行了三天正式訪問時，無論時機、意義、成果，都格外為人關注。

包裝成和平使者，調停沙烏地、伊朗

首先，北京是在習近平出發前三天才宣布訪俄的消息，距離中國宣布成功調停沙烏地與伊朗復交，才剛滿一週，因此中國努力把接著的這場「習普會」，順勢包裝成中國為弭兵止戰所做一系列努力的一部分，塑造習近平「和平促進者」的新形象。

這是一種國際宣傳，但也有國際秩序典範轉移的底蘊。因為中國調停沙烏地與伊朗復交，證明中東國家在多極的世界裡，可以有美國以外的更多選擇。中國加強與沙烏地合作，也不只是深化雙邊關係，更要與沙烏地的主權基金合作，一起對中東與北非國家提供經濟援助，讓他們不再完全依賴西方。

其實，不只是中東，非洲和拉美國家，甚至印度，在俄烏戰爭上也並非皆與美歐同調，就可看出一個多極化的國際秩序正在胎動，這就是很多觀察者所指出的典範轉移。

西方則是從另一個角度看習近平的俄國之行。美歐認為習近平此行是為俄國送暖的。因為宣布習近平訪俄當天，國際刑事法院正式指控普丁犯下戰爭罪，並對他發出逮捕令；北約歐洲盟國決定對烏克蘭提供戰機；土耳其同意芬蘭加入北約，這都證明普丁愈來愈陷入孤立。

如今習近平適時的公布訪俄行程，姑不論是否會承諾對俄提供武器，只要兩國抱團愈抱愈緊，就會讓中國和俄國一樣，都和全世界其他國家站在對立面。在西方眼裡，世界就是支持侵略和反對侵略兩邊，沒有日趨多極的典範轉移。

改變破壞秩序者形象，西方不買單

西方認定，中國是要拉攏與西方不睦的國家，如俄國與伊朗，一起挑戰美國所領導的國際秩序，因此西方必須加以圍堵。他們也認為，中國調停的沙伊復交根本經不起考驗，中國沒有促和的能耐。

對於中國想調停俄烏戰爭，西方的批評主要在兩點：

第一，中國立場看似中立，卻是親俄的假中立。

第二，美國算準習近平在莫斯科一定會呼籲俄烏雙方停火，所以先發制人，表示此時停火，無異追認俄國的侵略，這是萬萬不可能答應的。

歐盟也表示，要停止戰爭只有一個方法，就是俄國撤軍，恢復烏克蘭的領土完整，主權獨立。再則細究中國提出解決俄烏戰爭的十二點方案，也發現確有執行難度。如第一點：尊重主權，這必須撻伐俄國侵略；第二點：重視各國合理的安全利益與關切，這又必須同情俄國，兩點在執行時的平衡就很難拿捏。

檢視政治面，西方不可能成全習近平調停俄烏戰爭成功，讓他由破壞秩序者變成和平締造者；在技術面，中國方案也真不是那麼容易平衡落實。所以習近平此行縱有全球格局的恢弘企圖心，最後的成果可能還是只能落在雙邊關係的加強之上了。

#習近平改變形象　#和平促進者 vs 秩序破壞者

#中俄雙方愈抱愈緊　#親俄的假中立

#領袖魅力不是靠包裝就可以

02 「氣候政治」下的中美「政治氣候」大國談判有講究，議題可以掛鉤來互讓

中美角力多年，拜登稱習近平為「獨裁者」，反被中國批「政治挑釁」，關係愈演愈烈。事實上，美國曾打著氣候合作議題欲與中國示好，但中國認為應先談中美關係，再來解決氣候問題。解決的唯一方法，就是高超談判思維。

二〇二一年第二十六屆聯合國氣候變遷大會（COP 26），多國共同簽署《格拉斯哥氣候協定》（Glasgow Climate Pact），承諾「二〇五〇年淨零」。然而，在這場大會前，全球碳排大戶前兩名，中國與美國還進行了一場「會前會」，彼此先溝

通聚焦，建立共識。

話說二〇二一年八月底，美國總統氣候問題特使克里便抵達中國，接著在天津與中國氣候變化事務特使解振華會談，並透過視訊與國務院副總理韓正、中共外事主任楊潔篪、外交部長王毅等中國相關主管官員對話。

美國認為，先從「氣候合作」改善關係

克里除了加強兩國在氣候議題上的合作，更提出一項雙方都加大減排步伐的建議。但西方一些專家認為，這場「會前會」的意義，在中美關係日益緊張之際，氣候變化或是未來一段時間兩國合作空間最大的領域。因此期待中美氣候合作可以外溢到其他更為核心的議題，推動兩國達成更多的共識。

傳統西方對國際政治的看法，認為國與國的關係，尤其大國之間的關係，是非零和的，合作的議題與競爭及對抗的議題可以同時存在。有時議題之間各自獨立，有時則可以掛鉤交換；有時一個議題合作之後所累積的互信與美好經驗，還有機會外溢到其他議題。

但中國對這樣的思維並不買單。

中國狠嗆，先談雙邊關係才有後續

克里到中國訪問談的是「氣候變遷」，但王毅把議題升高到「兩國關係」。王毅告訴克里，兩國在氣候領域的合作，不可能脫離中美關係的大環境。美國視中國為威脅和對手，「滿世界圍堵打壓中國」，美國不能在損害中國利益的同時，期待中國無條件地合作。

楊潔篪也要求美國要先糾錯，希望美方從中美共同利益和美國自身長遠利益出發，切實糾正錯誤做法，客觀理性地看待中國和中美關係，同中方一道推動中美關係早日重返正軌。

也就是說，在這樣的「大氣候」之下，「氣候」問題是不可能切割出來單獨處理的。兩國關係的走向，不是合作與衝突並存的非零和結構，也不會是一些分析所期待的，從氣候議題合作開始，由小而大外溢到別的議題；而是反過來，由大而小，先有雙邊關係的重返正軌，然後才可能有氣候議題的合作。

在這之前，楊潔篪表示中國重視氣候問題，但是有自己的減排路線圖，不需要配合美國的要求決定該採取什麼行動。

從美國看來，所謂糾錯，就是要美國在其他如人權等議題上讓步，交換中國在氣候問題上的合作，這就是傳統議題掛鉤戰術，對此美國不可能屈從。

中方堅持不讓步，美國應該改變思維？

美國一些學者也指出，就算中國做出減排的承諾，在地方上執行時也會碰到阻力，不可能完全落實。相對的，即便美國先在氣候問題上做出讓步，中國也未必會做同樣的讓步以為回報。

所以美國應該改變思維，不是拜託中國與美國合作，而是與中國競爭。美國可以聯合志同道合的國家，對中國碳密集的產品徵收進口碳稅，給中國壓力，這樣中國才會減排。

但是要聯合其他國家一起施壓，卻有一定難度，因為各國經濟發展的程度不一，減排的進程也不一。

英國《金融時報》作家盧斯在其專欄指出，拜登政府除了原先列在預算案的清潔能源投資之外，不可能有碳價、汽油稅等更大的氣候倡議。因為現階段對拜登最重要的，是讓國內支出法案過關，以及贏得期中選舉。

盧斯更指出，克里在世界各地奔走，是在敦促各國去做美國自己都不會做的事。這怎麼可能成功呢？所以中國當然不理美國。氣候政治還在角力，美中對外交的不同思維也還在碰撞。

#COP26中美會前會　#氣候政治下的政治氣候
#氣候變遷槓上中美關係　#中美各說各話
#美國都做不到的氣候倡議

03 中國、沙烏地的「外交高潮」阿聯二十二國齊聚，中國高喊中東人自己作主

美國經營中東地區已經數十年，影響力不容小覷。而今中國精心經營中沙關係多年，終於讓二十二個阿拉伯聯盟會員國齊聚一堂，不僅為中國與沙烏地，以及中國與阿拉伯國家的關係帶入了高潮，雙邊關係更進入新時代。

中東是國際必爭之地，美國如此，中國自然也不甘示弱。二〇二二年大張旗鼓舉辦的第一屆「中國—阿拉伯國家峰會」、「中國—海灣阿拉伯國家合作委員會峰會」，便可見端倪。

當時二十二個阿拉伯聯盟會員國齊聚一堂，將中國與沙烏地，以及中國與阿拉

伯國家的關係帶入了高潮。

從「雙邊」到「多極」的國際秩序

「外交高潮」是中國精心經營中沙關係多年的成果。

二〇一六年一月，沙烏地就是習近平擔任國家主席後訪問的第一個阿拉伯國家；二〇二〇年二月，沙烏地國王是第一個支持中國抗疫的外國元首。

直到二〇二二年十二月七日，習近平到沙烏地進行國是訪問，會見了沙國的國王、王儲，十二月九日隨即展開峰會，把中沙的戰略夥伴關係更往上提高，從能源合作到農業、投資、金融、高科技、基礎建設等等，幾乎涵蓋了每一個能合作的層面。

中國把一帶一路和沙國的願景二〇三〇相結合，要把中國主導的上海合作組織往西擴張一路到中東，最後聯合沙國，一起打造一個「多極」的國際秩序。這是整個戰略布局。

西方常說，中國是在美國將注意力從中東轉移到印太之後，趁機填補美國留下來的權力真空，中國當然對此大加否認。中國外交部強調，中國從來不相信有什麼權力真空，「中東的人民就是自己的主人」，必須自己控制區域的未來與命運。這樣的說法讓中東人聽起來極為受用。

駁斥美方，中國強調外援無條件

西方一些評論說，美沙關係從二〇一八年沙國異議記者哈紹吉被殺害後一路下滑，美國對王儲MBS嚴厲批評，加上美國開採頁岩油成功，不再依賴沙國石油，導致沙國與美國漸行漸遠。這是把問題想小了。

對沙國而言，美國對沙國的關注只有石油，這限制了沙國經濟的多樣發展；尤其美國習慣將自己的利益放在沙國利益之上（要求沙國增產石油就是一例），並且在每個經濟援助和軍售的案子上都附加條件，干涉沙國內政，這才讓沙國受不了而敞開大門迎接中資，也大量採購中國武器。

反觀中國最標榜的，就是所有的外援都不附帶任何條件，也不干涉內政，這正是她的外交利器。

須知美國幾十年的經營中東，影響力早已根深柢固，不可能一下就為中國取代。所以習近平倡議中國購買中東石油以人民幣計價，這次就沒有出現在聯合聲明之中。

美國尤其關心的是波斯灣，美國中央指揮部、第五艦隊都在波斯灣，中國勢力進來，波斯灣情勢變得緊繃也可以預期。沙國表示將在中美之間維持平衡，這對她也是考驗。

中東「新時代」裡的「舊關係」

中國拉攏阿拉伯國家，宣稱雙邊關係進入新時代。但是「新」中還是有「舊」，巴勒斯坦問題就是一個考驗。中沙聯合聲明表示支持巴勒斯坦獨立建國，這是二〇〇二年阿拉伯聯盟提出的和平方案，但川普在二〇二〇年推動阿聯、巴林、蘇丹、摩洛哥與以色列關係正常化時，這些國家已經明顯拋棄這個方案了。

倘若川普推動的中東政策反映出中東的新氣候，那中國重提當年的方案，可說又被舊勢力帶著走了回頭路。

另外，中國拉攏了阿拉伯人，也不忘平衡波斯人這邊的焦慮。習近平前腳離開中東，北京副總理胡春華就在十二月十日到十四日訪問阿聯與伊朗。就如同中國駐伊朗大使向德黑蘭保證，中國的政策是「平衡」的。

#中國與中東的外交新時代　#中東人自己作主

#一帶一路加願景二〇三〇　#無條件外援

#外交高潮

04「一帶一路」遇上疫情大路障
中國吞下非洲負債，疫後須處理爛尾樓

中國透過一帶一路倡議，帶動沿線國家基礎建設，加上新冠疫情突襲，全球經濟重創，從中亞、俄國到非洲無一倖免。儘管疫情解封，但各國當時留下的債務陷阱，恐怕還要時間才能解決。

二〇一九年底，新冠肺炎蔓延肆虐，為全球的政治與經濟活動按下了暫停鍵。直到二〇二二年，瑞典率先宣布疫情終結，全面解除防疫。緊接著，世界各國也陸續宣告邊境全開，與病毒共存。

疫情爆發之前，中國試圖以「一帶一路」突破海權國家封鎖，美日等海權國家則努力以印太戰略圍堵中國。結果，新冠肺炎打亂了這一盤棋。

美國因航空母艦官兵確診而靠岸，暫時失去集結圍堵中國的能量；中國則因一帶一路沿線國家受到疫情衝擊，而成為一帶一路的路障。這樣破碎的戰略圖像，應該如何解讀？

中國大手筆，非洲十七國債務一筆勾銷

過去西方國家總是批評中國，企圖透過一帶一路倡議的基礎建設創造債務陷阱，讓沿線國家因還不出虧欠中國的債務，不得不以港口的經營權或其他天然資源抵債。

中國則辯稱，這些第三世界國家本有建設的需求，西方國家不但不伸出援手，還對中國的援助冷嘲熱諷，也太不厚道。砲火交鋒之下，掩蓋了一個實質的問題：中國其實也擔心那些國家欠錢不還。

新冠疫情期間，廣州因抗疫行動，發生非洲人受到歧視的事件，在非洲引起軒然大波。中國外交部長王毅致電非洲聯盟委員會主席法基，法基除了抗議非洲人遭

到歧視外，也順勢提出要中國免除一些非洲窮國債務的要求。

中國的確減免過非洲窮國的債務，但因為新冠病毒大爆發，以非洲國家如此薄弱的公衛體系，受創極為慘烈。專家更評估，疫情後得花上一整個世代，經濟才可能復甦。這已經不是債務陷阱的問題，而是經濟重擔要誰來幫非洲一起背的問題。

沒想到，二〇二二年八月十八日，中國大手筆拉攏非洲國家，由外交部長王毅宣布，免除非洲十七國截至二〇二一年底剩餘的二十三筆無息貸款債務，也表態繼續支持「以非洲方式解決非洲問題」。

石油、5G意外助攻，中亞、中俄關係轉熱

一帶一路經過的國家當然不只是非洲，包括南亞、東歐的沿線國家，在新冠疫情重創之下，建設項目一樣停擺。但我們更關注的是中國與俄國，以及中亞國家的關係。

過去中國與俄國之間，多少呈現上熱下冷的現象。鏡頭前，習近平與普丁握手、擁抱；私底下，俄國人卻對中國勢力進入俄國遠東地區有所戒心，尤其中國對俄國在疫情爆發第一時間，立即封鎖中俄邊界頗有微詞。但這一切都隨著疫情加劇而發

生變化。不過這卻有兩種解讀：

其一，有一派人認為，中國與歐亞大陸的關係日趨緊密。因為OPEC+達成石油減產的協定後，俄國每天必須減產兩百五十萬桶，但因對中國有二〇一四年簽訂的油氣協定，所以不會減中國的量。

而且中國經濟復甦比歐美快，對石油的需求也增加，大筆振興經濟的錢撒下去，與中亞國家的經貿關係也開始活絡。這由中國和哈薩克貿易額不斷增加便可窺其一二。

其二，另一原因就是5G。當歐美國家因疫情掀起新一波的「反中」熱潮時，華為在西方受到圍剿，俄國卻發現華為、中興、海康的產品物美價廉，於是又拉近了兩國的關係。

另一派人則指出，中國其實是啞巴吃黃連。因為二〇一四年興建油管時所商定的油價，換算之後是一桶一百零二美元，如今疫情衝擊之下，油價跌成負的，中國還要付那麼高的價錢嗎？所以中俄之間勢必得重新談價格。

地緣政治與地緣經濟的既有框架還在，新問題卻因疫情而逐漸浮現。一帶一路因為全球經濟重創出現太多路障，甚至太多爛尾樓。破碎的戰略圖像，在後疫情時代，就等大國一片片拾起重拼。

#誰幫非洲國家背債　#疫情讓非洲更窮

#一帶一路路障　#與中亞關係更緊密

#中俄油氣協定　#中國產品物美價廉

05 歷史性的「中歐投資協定」停擺 人權問題無法迴避，中歐應該向「錢」看？

曾被譽為「歷史性投資協定」的「中歐全面投資協定」，原本「錢景」看好，有利於促進中歐雙向投資，只是中國卻因新疆人權問題翻車，投資協定遭到歐盟凍結，能否重啟仍是未知。

據二〇一九年的統計數據，歐盟是中國第一大貿易夥伴，第二大進口來源地和最大出口市場。中國是歐盟第二大貿易夥伴，第一大進口來源地，第二大出口市場。

歷時七年才出爐的「中歐全面投資協定」

中國和歐盟關係的更進一步，是於二〇二〇年十二月三十日所簽署「中歐全面投資協定」。只是好景不常，隔不到一年，二〇二一年五月該協定卻因新疆人權問題遭歐洲議會投票凍結。

對此，中國駐歐盟大使傅聰在二〇二三年三月，再次針對「中歐全面投資協定」遭到擱置的情況表態，「中歐應該向前看」。

這份歷經七年、三十五輪談判的投資協定中，中國對歐盟開放了新能源汽車、雲計算服務、金融服務和健康等產業，歐洲則讓中國進入了部分的新能源項目，帶動中國與歐盟的關係與國際貿易秩序。

這份協定也是中國「第一份履行國有企業行為義務」和「全面透明補貼規則」的協定。在歐盟關心的強迫勞工問題上，北京也承諾致力於批准國際勞工組織的基本公約等保護勞工的條款。

協定涵蓋層面廣，影響美中、美歐經貿：

這份投資協定，至少有四個可以觀察的面向：

第一個面向是協定本身。中國在二〇二〇年簽了三個重要的貿易協定，除投資協定之外，另兩個是中美第一階段的貿易協定，以及由東協十國所發起的RCEP（區域全面經濟夥伴協定，Regional Comprehensive Economic Partnership，簡稱RCEP）。中美貿易協定沒有觸及大陸對國企補貼的結構性問題，RCEP沒有觸及投資的問題，但中歐全面投資協定都談到了。

一些分析指出，主導國際經濟的就是中國、歐盟、美國。中歐的投資協定勢必會影響中美與美歐之間的貿易談判，從而影響到整個國際經貿的建制。這是宏觀面的意義。

第二個面向是看歐洲。德國是投資協定主要的幕後推手，但到了投資協定要執行的時候，歐盟的主席是法國，所以要看馬克宏對中國的政策。

馬克宏承襲戴高樂以來的法國傳統，不願唯美國馬首是瞻，強調戰略自主。王毅訪歐時，也曾表示中國樂見法國的戰略自主。但戰略自主不等於對中國友善，馬克宏過去就不斷批評歐洲有些國家對中國太過一廂情願。

義大利加入「一帶一路」後，馬克宏也呼籲歐洲在對中政策上應該協調一致。

因此馬克宏時代的歐盟，會如何落實投資協定，如何緊盯中國履行新疆的勞工保護承諾，也成為觀察重點。

中國成功進軍歐洲，也見證美國式微

第三個面向是從中國大陸的角度來看。《孫子兵法》說：「上兵伐謀，其次伐交。」簽訂這份協定前，北約公布了秘書長委請十位專家撰寫的願景報告，指中國是潛在的軍事威脅，呼籲北約三十國團結起來因應中國的威脅，並與印度、日本、韓國深度合作，共同遏制中國。

報告中表示，中國的軍事威脅將擴張到歐洲，直接威脅到盟國的安全。面對這樣的鷹派主張，北京當然亟思破解。尤其拜登上台後，美歐關係勢必回暖，到時美歐聯手對抗中國的態勢一成，北京將陷於被動。所以必須在這之前，在對歐關係上做出關鍵的讓步，先把歐洲拉過來再說。這就是伐交之計。

這就有了第四個面向，美國視角。拜登團隊在協定簽字前，呼籲歐盟在中國問題上應與美國多協商，結果歐洲不聽。美國因此感到憤怒，這對應出中國伐交的成功，也證明了美國領導力的衰退。

拜登上台後表示，美國將重新領導世界。但是川普四年，國際社會並沒有停止轉動，在不同議題上已經出現了不同的領導，美國領導地位不再，「後川普時代」再也回不到「前川普時代」。

只是，這份曾被譽為「歷史性投資協定」的「中歐全面投資協定」，已被歐洲議會無限期凍結，能否重啟端視雙方關係的未來與演變。

#中歐全面投資協定　#歐盟對中政策
#美國失去領導地位　#後川普時代的國際秩序

06 北韓一邊射飛彈，一邊要談判

為了逼出南韓背後的美國，大玩兩手策略

「項莊舞劍，意在沛公」，這句話用在飛彈連發的北韓身上，最貼切不過。表面上是武裝恫嚇，實則是要逼出南韓背後的美國，以爭取經濟利益，並在核武議題上爭取更多籌碼。

朝鮮半島的緊張關係愈演愈烈，北韓甚至在二〇二三年四月間，向東邊的日本海海域發射中遠程彈道飛彈，嚇得日本北海道地區國家警報大作。

北韓老是以飛彈進行武裝恫嚇，大秀肌肉，並非頭一遭。二〇二一年，從一月算起就有七次之多。尤以九月最為密集，包括九月三十日試射了一枚地對空飛彈，

十一、十二日試射兩枚巡弋飛彈，十五日鐵路機動導彈團發射的兩枚短程飛彈，二十九日的超音速飛彈，再到三十日，光是九月份北韓至少已經試射過四次各型飛彈。

雖然這些飛彈還不足以對美日韓等國構成威脅，但已充分展現北韓致力提升軍力的決心。

在這段時間，北韓又對南韓展現了彈性，透過金與正回應文在寅終戰宣言的提議，表示「只要韓方不敵對朝（朝鮮，北韓）方，朝方就有意討論恢復韓朝關係的方案」。一方面發射飛彈，一方面表示要談判，一冷一熱兩手策略，背後的目的到底是什麼？

大秀軍事肌肉，逼美國上談判桌

北韓這一系列的試射，明顯是精心設計過的。因為這些都不是洲際導彈，也不是核子試爆，因此算不上軍事挑釁，也不會激起聯合國新一輪的制裁。北韓只是企圖用這些動作展示軍事力量的決心，同時告訴美國如果不跟北韓談判，這個決心還會持續下去。

朝核談判最讓人困惑的是：到底是誰比較想談？

一般認為是北韓想談，想透過跟美國談判解除經濟制裁。但是美國不急著談，北韓問題在拜登的外交順位上沒那麼高。**倒是南韓前總統文在寅在卸任前，想用南北韓關係改善作為自己任滿留下的政治遺產，因此急著要跟北韓重啟談判。北韓乃以南韓為破口，希望能借南韓之力把美國拉回談判桌。**

美國則表示自己沒有不談。拜登政府早就宣布，願意在不設任何先決條件的情況下跟北韓談判，這已展現極大善意。美國也願意對北韓提供人道援助，換取北韓坐下來談。所以是北韓自己不談的。

北韓則認為美國的說法是虛情假意，表示美國若無解除對北韓經濟制裁的誠意，再談幾次也沒有意義。過去美國是以北韓棄核為解除經濟制裁的先決條件，現在變成美國必須先解除一些經濟制裁展現誠意，北韓才願意坐下來談。談判的前提出現翻轉。

北韓翻轉談判前提，經濟、核武都要兼得

也有西方學者指出，北韓要翻轉的還不只是談判的前提，而是國際政治的遊戲

規則。平壤現在對「遵守聯合國的要求放棄核武，以換取經濟利益」的規則不感興趣，他們要追求的說法是「北韓展現自我克制，放棄成為核武強權，因此西方必須給予補償」。

因為是自我克制，所以北韓在朝核問題上只願意談「裁減核武」，而不是「放棄核武」。西方對此顯然不願買單。過去美蘇進行武器管制談判時，一般認為只要限武談判能夠持續進行，即便未能達成具體協定，也有助於緩和緊張關係。但對北韓，西方顯然不願以如此寬容的態度評估成敗，美國要看到具體的棄核才願做出其他承諾。

這下南韓急了，外交部長便在紐約對美國喊話，表示在美國、北韓缺乏互信的情況下，光人道援助還不夠，美國一定要提出如宣示韓戰停戰等更大的誘因，才會讓北韓願意談判，否則朝鮮情勢只會日益嚴峻。

#北韓狂秀軍事肌肉 #美國不回談判桌 #都是核武惹的禍 #南韓急跳腳 #文在寅的最後政績

07 看，南韓總統文在寅歷經夢醒時分

北韓炸毀聯絡辦公室，就是要給美國看

象徵兩韓和解的「兩韓聯絡辦事處」，在金正恩胞妹金與正一聲令下，整棟建築物在灰燼中倒下，同時也摧毀了前韓國總統文在寅的和平夢，這時他才明白，自己根本沒有說話餘地。

朝鮮半島的局勢向來是國際焦點，統一問題沒半撇，甚至「兩韓聯絡辦事處」在二〇二〇年被北韓炸毀；回顧二〇一七到二〇二〇這三年，朝鮮半島真是經歷了戲劇性的跌宕起伏。

二〇一七年，北韓不斷進行核子試爆、飛彈試射，不管國際上怎麼施加壓力，

或制裁或利誘或遊說，哪一國去講都沒用，北韓就是執意要進行試爆試射。

於是外界知道，北韓一定是快成功了，只要咬緊牙關挺過國際制裁，一旦跨過門檻，成為核武國家，便不再是吳下阿蒙，在朝核問題上也有了更多話語權。

北韓和平攻勢，試圖撼動美中大國

果然，當北韓在軍事力量上取得一定成果後，二〇一八年金正恩發起了和平攻勢。他派妹妹金與正參加了在南韓舉辦的平昌冬奧，世人也因此初見了金家公主的風貌。

接著，在金正恩像揮舞指揮棒一樣，一系列的中朝峰會、韓朝峰會、美朝峰會，在他的音樂下相繼登場，看得人眼花撩亂。

世界關注的焦點全在朝鮮半島，一陣和平春風撫面而過，文在寅也欣慰朝鮮情勢終將掀起新頁。因為所有變化都是北韓發動的，**小國北韓影響了大國美國與中國，所以當時最流行的評論就是「尾巴（小國）搖狗（大國）」，不是「狗搖尾巴」**。

到了二〇一九年，尾巴終究只是「尾巴」，能影響情勢的還是「狗」。

金正恩只能發動和平攻勢，但發動以後能不能推得下去，朝核問題和解除經濟制裁，兩者如何聯繫，還是美國說了算。北韓在朝核問題上一天不能滿足美國的要求，經濟制裁就一天不會解除，朝鮮半島的情勢也一天不會有真正的改變。

在北韓與美國皆不願讓步的情況下，朝鮮局勢像陷入泥淖之中，停滯不前。直到大家都累了，乏了，和平的列車也開不動了，北韓索性在有六月十六日將一切有和解的象徵一炸了事，一切又回到原點。

刻意忽視當事人南韓，北韓只跟美國談

在這整個過程中，同為朝鮮半島當事人的南韓，居然沒有半點話語權。當美國、北韓關係陷入泥淖，南韓急著想當調人，但根本得不到使力點。接著金與正在台前升高兩韓緊張，金正恩在幕後完全不講話，很明顯是想玩「下黑上白」的談判戰術，預留一個白臉做迴旋空間。所以北韓的門並沒有關，卻不是留著讓南韓來開。

所以金與正在批評脫北者空飄心戰傳單之後，南韓四個半小時後就宣布將草擬《禁止向朝鮮散發傳單法案》，向北韓示好，結果對方根本不領情。

當金與正又說準備與南韓訣別之後，文在寅就提議派遣國家安全室室長鄭義溶等做為特使，結果也遭到金與正的拒絕，而且隔天就把兩韓聯絡辦事處炸了。北韓認為跟南韓談沒用，必須跟美國談。南韓還真的不敢不看美國臉色，逕自跑去與北韓和解。

南韓心急，但力有不逮。文在寅最後的任期本想做出點成績，但兩韓局勢沒有再現任何高潮與翻盤機會。就像文在寅曾經懷抱了一個和平與繁榮的美夢，最後發現，南韓根本就影響不了朝鮮半島的情勢。

#兩韓聯絡辦事處變廢墟　#尾巴（小國）搖狗（大國）
#失去話語權的南韓　#美國、北韓關係無解
#朝鮮半島誰說了算

08 美首位國會眾議院女議長快閃訪台 局勢翻轉關鍵，中國和東協亮底牌

身為美國第一位擔任國會眾議院議長的女性，裴洛西的訪台，傳達了「美國會一直與台灣站在一起」，此後就有如骨牌效應，成為印太情勢翻轉的歷史關鍵點。

美國轉移注意力到了印太後，對台海更是關心有加，多位重量級政治人物接連到訪。其中，二〇二二年，美國眾議院議長裴洛西旋風式訪台，短短一天不到，卻為台海情勢帶來震撼，餘震不斷。

自一九七九年與美國斷交以來，裴洛西是第二位於任內訪問台灣的聯邦眾議院

議長，意義非凡。裴洛西的訪台，可以分成三個階段觀察：訪台前，訪台中，訪台後。

外交學，裴洛西訪台前、中、後看門道

訪台前，看的是衝突何以無法避免。理論上，除非當事一方想故意引爆衝突，好順勢改變兩岸或美中對峙態勢，否則裴氏訪台會引爆衝突即是可以預期，只要危機處理得宜，理當有機會避免碰撞。我們要看的是在這個博弈階段，到底誰做錯了什麼，或錯過了什麼，或過度自信，才會把彼此逼入牆角，錯失了外交的迴旋空間。

訪台中，看的是訪台的細節，包括飛行路線落地後的行程安排。前後鋪墊的新加坡、馬來西亞、韓國、日本等四國行程也可放進來一起看，主要是看因應情勢變化，相關國家在細節上的機動調整，以及對事件的危機管理。

接著進入第三個階段「訪台後」。裴洛西訪台後，兩岸關係因裴氏訪台變得更為嚴峻自不在話下。至於裴氏訪台後的整個亞太情勢，東南亞國家的態度，可以分成對訪台事件本身、對北京的軍演，以及對美中在亞太地緣政治的角力三個層次來看。

星國逆風看法，中國軍演帶來反效果

對裴氏訪台，多數意見持負面看法。馬來西亞有學者就表示，大家正忙著俄烏戰爭與疫情衝擊後的經濟重建，對抗通貨膨脹與糧食危機，裴洛西在這時訪台只是打亂一盤棋，是完全沒有必要的行動。泰國學者也說裴氏鹵莽的訪台之行，只是讓中國更強硬地堅持她的主張而已，沒有實質意義。

對於北京軍演所帶來的劍拔弩張，東協呼籲各方自我克制，反對衝突升高，也反對台獨。

也有新加坡學者指出，北京的軍演加深了區域國家對北京的不信任。因為中國能在台海以武力恫嚇，自也能在南海以武力恫嚇，這樣一個動輒展示武力的強權，東南亞國家嘴裡不說，心裡的警覺還是有的。

這是中國強硬外交所付出的代價，結果讓區域國家紛紛增加軍事預算，點燃新一波的軍備競賽。北京的演習該怎麼收場，也考驗其政治智慧。

中國外擴，把美國勢力逼到亞太邊緣

在地緣政治的競逐方面，也有學者把軍演放大來看，指中國早就一層一層把她的軍事活動範圍向外擴張，逼著區域國家接受其軍事活動為常態。

比如中國曾在南海攔截澳洲偵察機、在拜登訪東北亞時與俄國聯合演習，以及這次圍繞著台灣的演習，並發射飛彈進入日本專屬經濟海域。這是一系列有計畫的行動，不只是針對台灣而已，目的就是把美國勢力逼到亞太邊緣。

面對這個情勢，裴洛西在二〇二二年八月三日閃電離台，隨後在八月四日在柬埔寨金邊舉行東協相關會議時，國務卿布林肯再次宣示了支持盟國與夥伴的立場沒有改變。

但是東南亞幾個重要國家，如印尼和越南，因為在經濟上太依賴北京，都不願意在美中角力中表態。因此，華府才有學者表示，在亞太競逐的博弈中，美國太重軍事，缺乏一個大型的經濟戰略，去夯實她的印太戰略。

裴洛西訪台，只是一個事件。台海的新常態、美中的角力，以及東南亞國家對美中對抗的態度，才是真正值得關注的長遠戰略態勢。

#二十小時快閃行程　#中共抗議軍演嚇到東協

#美國被逼到亞太邊緣　#東協不介入美中角力

#印太情勢歷史翻轉點

09 東亞外交好熱鬧，日韓地位翻轉

美日韓好麻吉，英德澳也來湊一腳

俄烏戰爭膠著之際，東亞的外交卻更熱絡。儘管北韓頻射飛彈恫嚇，反而促成美日韓關係翻轉，還有德、英總理的亞洲行，再加上東協、印太峰會接棒舉行，令人目不暇給，而新的外交朋友圈儼然成形。

俄烏戰爭讓東歐緊綳，亞洲的外交大戲卻是場場精采。尤其二〇二三年三月到五月期間，從太平洋到印度洋，各國領導與外交官穿梭其中，或拉幫結派，或排兵布陣，讓印太地區一下熱鬧了起來。

南韓親美訪日，北韓試射飛彈刷存在感

東北亞的情勢是第一個看點。

二〇二二年，正逢南韓總統尹錫悅就職。北韓便開始頻繁的飛彈試射，除了正逢南韓政權交接之際，為提醒世人不能忽視北韓的存在，而發出的例行性噪音，但試射中也透露出軍事科技進步的速度，仍讓人不敢大意。

所以，美國的北韓問題特使金星容、副特使朴正鉉先在四月十八日飛抵首爾，表達了對南韓的支持。美國航空母艦打擊群雷根號，也進入了日本海。

尹錫悅更在五月十日就職前開始行動，派出顧問團分訪美日兩國，傳達南韓願意改善與美日關係的意願。這樣積極的態度，以當時的「候任總統」來說，是少見的。

白宮也給予積極回應，宣布總統拜登將在五月二十到二十四日訪問亞洲，而且首站就是韓國，給足了尹錫悅面子。文在寅時代對北韓的友好政策，無疑將隨著他的離任而畫下休止符。

德中關係不再親密，拜登、強生連訪亞洲

同樣政策改變的是德國。

德國總理蕭茲在四月二十八日到日本訪問。蕭茲的首次亞洲行，是到日本而非中國，顯示過去梅克爾重中輕日的政策，已經開始翻轉。

將德中關係的改變、和德國開始增加國防預算，以及幾經猶豫之後，還是決定軍援烏克蘭等幾件事合在一起看，可以看到俄烏戰爭已經讓國際對中俄兩國的態度開始改變。梅克爾和中國的親密關係已經成為過去。

日本首相岸田文雄在外交上也很積極，剛與蕭茲見完面，隔天就飛到印尼雅加達，開始他印尼、越南、泰國、義大利、英國的五國訪問。其實再早一點，三月十九日岸田就訪問了印度，二十日還到了柬埔寨。

五月二十四日，拜登還要到日本，參加日本作東的印太四國（Quad）峰會。日本打算多邀幾個國家成為Quad+，展現主場外交的企圖心。英國首相強生也在四月二十二日到了印度訪問，還和印度簽了防衛協定，擴大兩國安全夥伴關係。

印度外交部長蘇杰生說，俄烏戰爭讓大家開始重視亞洲，但是印度的外交不需要去取悅任何國家，印度追求的是自己的國家利益。言外之意是，大家都來拉攏印度的時候，印度有的是籌碼，無須遷就他國。

東協峰會在華府，印太峰會東京接棒

最後就看美國了。美國五月十二、十三日在華府舉行和東協的峰會，這是三月底邀請東協領導人峰會碰了軟釘子後，重新安排的時間。之後，拜登到亞洲訪問韓日，不僅提出完整的印太戰略，以及印太經濟架構，也參加Quad峰會。

這場東京峰會是拜登鞏固與印太國家關係的重要布局，就連峰會前才剛當選的澳洲新總理艾班尼斯，也到了東京參加峰會，顯見其重視程度與重要性。

美日韓三國的關係因著韓國總統尹錫悅上台，將會更為密切。但是東協在俄烏戰爭中對俄的態度卻是分裂的，印度莫迪的外交也要走自己的路，美國能將這些不同立場調和到什麼地步，將成為外界判斷拜登亞洲行成敗的量尺。

還有一個美國急著補破網的地方是南太平洋。當中國和所羅門簽訂安全協定後，美國立刻表示要和所羅門進行安全對話。如果沒帶來實質利益，且居高臨下的態度不改，只怕也只是徒勞無功。

#北韓飛彈試射刷存在感　#德棄重中輕日政策
#南韓、澳洲大選後　#東協、印太峰會接棒
#美、英、德領袖亞洲行

10 德國遲到十九年的印太戰略表態

重量級德艦東來，南海的新海上聯軍

歐盟一直想成為世界的第三強權，德國在歐盟中又具舉足輕重的份量。過去，德國對印太地區的態度，採用的是模糊外交，與中國交好，又和美國保持關係。但自從德艦東來後，德國外交開始降低對中國的依賴，轉向美國陣線。

在美中競逐下，德國對亞洲政策印太戰略的轉變，早在二〇二一年「德艦東來」已現端倪。

自二〇〇二年起，直到十九年後，德國軍艦「首度」進到南海，德國巡防艦巴伐利亞號從北海出發，展開為期六個月的印太航程，回程時並將穿越南海。此舉讓南海在中美英法之外又多了德艦，一下子變得更熱鬧了起來。

德艦東來是抗衡中方還是迎合美國？

德艦東來究竟是什麼目的？

官方說法，這是在執行二〇二〇年九月德國公布的印太戰略指導原則，強調往後數十年，德國的繁榮和地緣政治影響力，完全取決於和印太國家的交往。所以德國要強化與印太國家，尤其是東協的國際合作架構。

戰略原則也列出和印太國家的合作項目，除了美國最想聽的強化基於規則的國際秩序與航行自由外，更提出了氣候變遷、海洋污染、文化與科學交流、經貿關係等項目。原則中也強調，德國應讓夥伴關係多樣化，避免過度依賴一國。德國國防部也強調，此行的目的是要和印太國家保持對話。

歐洲的評論則指出，德國是在美英法等國的壓力下，為了重建美歐關係，讓盟國高興，這才派艦東來。

更有德國的評論指出，德艦東來完全是國防部長卡倫鮑爾的意思。卡倫鮑爾因名字太長，德國人簡稱其為ＡＫＫ。ＡＫＫ原是梅克爾選定的接班人，被視為小梅克爾，但是能力不足，接班接不下來，當了基民黨主席後又辭去，專任國防部長。她自二〇一九年出任防長以後，就一直推動德艦入南海。但是梅克爾反對，認為德國與中國經貿關係密切，不希望在南海挑釁中國。

但是早在梅克爾總理任期結束前，她對中國的鴿派態度逐漸為鷹派聲浪壓過；加上美國拜登總統上台，呼籲歐洲盟國歸隊，ＡＫＫ在國內又強力呼應，勢不可擋。梅克爾唯一能做的，只能在德艦東行的行程中加上緩和機制。所以柏林表示，德艦入南海，不會侵犯各國領海十二海浬；並在出發前臨時加上一個訪問上海的行程，強調德國與中國友好。

被逼表態打出模糊外交策略

西方評論指出，這是典型德國兩面討好的含糊外交，在梅克爾時代用的尤其頻繁。當碰到兩難之局，德國最常用的就是隱藏自己真正的想法。

可是北京這次卻不想讓德國蒙混過關。二〇二一年八月三日，北京表示，在德艦進入南海後，若是德艦要訪問上海，必須先澄清此次東來的目的。中國沒有說同意或不同意，她只是在等德國反應。

德國的學者對中國這次不能接受含糊也感到驚訝。他們指出，德艦若先到上海才過南海，中國大可宣傳那是取得中國允許才進去的，可見南海是中國的。這在國際宣傳上是可以加分的，為什麼中國不這樣做？

比較可能的解釋，是德艦東來，途經澳洲、關島、日本、韓國、越南、新加坡，等真的要進上海、下南海時，德國新政府已經上任，中國是想以此測試新政府對中國的態度。法國人的解釋則是，中國對歐盟政策變了，逼著歐盟國家必須在合作、敵對、競爭之間做一選擇。

外交的藝術，精妙之處就在含糊的空間之中。如果中國外交真的走向如此黑白分明，看起來過癮，卻少了很多緩衝的潤滑劑，對中國與其他國家的交往未必有利。

#中美英法德艦齊聚東海　#德國新政府對中態度

#AKK的決定　#兩面討好的含糊外交

美亞關鍵事件簿時間表

- 2023.06.10 美國國務卿布林肯訪問沙烏地
- 2023.04.12 巴西總統魯拉率領閣員訪問中國
- 2023.03.20 中國國家主席習近平訪問俄羅斯@莫斯科
- 2023.01.07 麥卡錫當選美國聯邦眾議院議長
- 2022.12.07 第一屆「中國—阿拉伯國家峰會」習近平訪問沙烏地@利雅德
- 2022.08.02 美國眾議院議長裴洛西率團訪問台灣
- 2022.04.18 美國北韓問題特使金星容、副特使朴正鉉訪南韓@首爾
- 2021.09.30 北韓試射「反航空」地對空飛彈
- 2021.09.02 美國氣候特使克里訪問中國@天津
- 2021.08.02 德國「巴伐利亞」號巡防艦從威廉港啟航@德國
- 2021.07.25 美副國務卿雪蔓訪問中國@天津
- 2021.06.11 G7 會議前提出了「康瓦爾共識」備忘錄@英國
- 2021.02.18 美國宣布重啟伊核談判
- 2020.12.30 中國國家主席習近平與歐盟領導人等簽署「中歐全面投資協定」@ Online
- 2020.12.28 川普簽署兩兆美元紓困案
- 2020.06.16 北韓炸毀「兩韓聯絡辦事處」@南韓開城工業區
- 2020.04.15 駐中國的非洲國家大使抗議非裔在廣州因新冠疫情受歧視

今天的世界，

是舊的秩序崩解，新的秩序還沒有建立的過渡時刻：

全球化停滯了，世界又分成兩塊，兩塊之下還有新興中等強權的搖擺。

大家都在拉幫結派，也都在找尋機會，權力板塊也還在滑動。

這就是當前國際政治的大格局。

Horizon 視野 001

劉必榮的國際關係課
一本掌握看世界的方法，看懂全球大局

作　　者 / 劉必榮
總 編 輯 / 林奇伯
特約編輯 / 陳瑤蓉
封面設計 / Atelier Design Ours
內頁設計 / Javick 工作室
封面攝影 / 李文欽（AK Photo Studio）
文稿校對 / 詹宜蓁

出　　版 / 明白文化事業有限公司
地址：231 新北市新店區民權路 108-3 號 6 樓
電話：02-2218-1417　傳真：02-8667-2166
發　　行 / 遠足文化事業股份有限公司（讀書共和國出版集團）
地址：231 新北市新店區民權路 108-2 號 9 樓
郵撥帳號：19504465 遠足文化事業股份有限公司
電話：02-2218-1417
讀書共和國客服信箱：service@bookrep.com.tw
讀書共和國網路書店：https://www.bookrep.com.tw
團體訂購請洽業務部：02-2218-1417 分機 1124
法律顧問 / 華洋法律事務所 蘇文生律師
印　　製 / 博創印藝文化事業有限公司

出版日期 / 2023 年 8 月初版
定　　價 / 480 元
I S B N / 978-626-97577-2-5（平裝）
/ 9786269757763（EPUB）
書　　號 / 3JHR0001

國家圖書館出版品預行編目 (CIP) 資料

劉必榮的國際關係課 : 一本掌握看世界的方法 , 看懂全球大局 / 劉必榮著 . -- 初版 . -- 新北市 : 明白文化事業有限公司出版 : 遠足文化事業股份有限公司發行 , 2023.08
面；　公分 . -- (Horizon 視野 ; 1)
ISBN 978-626-97577-2-5(平裝)

1.CST: 國際關係 2.CST: 地緣政治 3.CST: 國際經濟

578　　112012499